工业和信息化普通高等教育 "十四五"规划教材立项项目 | 高等院校电子商务类 新形态系列教材

网店美工

理论、案例与实训

全彩微课版

龙明慧 郭斌 / 主编

王秋玲 沈静 程丹丹 / 副主编

人民邮电出版社
北京

图书在版编目（ＣＩＰ）数据

网店美工：理论、案例与实训：全彩微课版 / 龙
明慧，郭斌主编. -- 北京：人民邮电出版社，2023.11
高等院校电子商务类新形态系列教材
ISBN 978-7-115-62320-1

Ⅰ．①网… Ⅱ．①龙… ②郭… Ⅲ．①网店－设计－
高等学校－教材 Ⅳ．①F713.361.2

中国国家版本馆CIP数据核字(2023)第135774号

内 容 提 要

本书从网店美工的岗位职能出发，不仅详细讲解了作为一名优秀的网店美工应具备的能力，对网店各个页面的设计与制作方法进行了介绍，而且提供了大量的课堂练习，帮助读者学以致用。本书共 10 个项目，包括初识网店美工、处理商品图片、设计与制作推广图、设计与制作店铺首页、设计与制作其他页面、设计与制作商品详情页、设计与制作短视频、设计与制作移动端页面、装修店铺和综合案例——生鲜店铺设计与制作等内容。

本书配备丰富的教学资源，包括PPT课件、电子教案、教学大纲、实例素材、效果文件、课后习题答案、题库软件等，用书教师可登录人邮教育社区（www.ryjiaoyu.com）免费下载。

本书可作为高等院校电子商务、市场营销等专业相关课程的教材，也可作为准备或正在从事网店美工相关工作人员的参考书。

◆ 主　　编　龙明慧　郭　斌
　　副主编　王秋玲　沈　静　程丹丹
　　责任编辑　孙燕燕
　　责任印制　李　东　胡　南

◆ 人民邮电出版社出版发行　　北京市丰台区成寿寺路 11 号
　　邮编　100164　　电子邮件　315@ptpress.com.cn
　　网址　https://www.ptpress.com.cn
　　天津嘉恒印务有限公司印刷

◆ 开本：700×1000　1/16
　　印张：12　　　　　　　　　2023 年 11 月第 1 版
　　字数：266 千字　　　　　　2023 年 11 月天津第 1 次印刷

定价：59.80 元

读者服务热线：(010)81055256　印装质量热线：(010)81055316
反盗版热线：(010)81055315
广告经营许可证：京东市监广登字 20170147 号

前言
PREFACE

　　随着网民数量和网购人数的急剧增长，网上购物已成为消费的主流。而网上购物的日益火爆，促使网店开设数量与商品种类快速增多，这也增加了消费者网购时的选择难度及商家的竞争压力。网店美工作为网店页面的设计者，如何通过设计来促进商品的销售，提高商品销量，已成为该行业重点关注的问题。

　　作为网店美工项目式教学类教材，本书以网店美工课程大纲为核心，以理论联系实际的方式进行编写，与市场上的其他同类教材相比，本书具有如下特点。

　　1. 思路清晰，知识全面

　　本书从网店美工设计的实践教学入手，通过合理的知识结构编排，结合Photoshop软件、视频软件的相关操作技能，层层深入地介绍了网店美工设计的各项工作，包括图片处理、页面设计、视频制作等，使读者能够全面了解网店美工的工作内容。

　　2. 内容实用，案例丰富

　　本书的编者根据网店美工的岗位需求进行设计，从图片处理、首页设计、活动页设计、详情页设计、视频制作、店铺装修等方面深入讲解网店美工的各项工作，让整本书的内容更具有参考性和实用性。同时，本书的编者在知识讲解中穿插对应的图示和案例，在案例素材的选择上，以体现社会真、善、美的素材为主，全书围绕网店的设计展开，具有较强的可读性。除此之外，项目内容按照"知识讲解+课堂案例+课堂练习+思考与练习"的结构进行编写（项目一与项目十除外），强化读者的实践能力，帮助读者全方位地提高网店美工设计的实战技能。

　　3. 贯彻立德树人，落实素养教学

　　本书深入贯彻落实党的二十大精神，将素养教学与职业技能相融合，充分挖掘网店美工课程中所蕴含的德育元素，在专业知识内容中寻找与社会主义核心价值观、爱国情怀、传统文化、人文情怀、进取精神、责任意识、自我能力的提高等对应的内容，并以"润物无声"的方式将正确的价值观、理想信念传递给读者。

4. 微课视频讲解，配套资源充足

本书以二维码形式提供微课视频，读者通过扫描二维码即可观看相应的微课视频内容。此外，本书还配备丰富的教学资源，包括PPT课件、电子教案、教学大纲、实例素材、效果文件、课后习题答案、题库软件等，用书教师可登录人邮教育社区（www.ryjiaoyu.com）免费下载。

本书在编写过程中得到了不少一线教师、精通网店美工的设计师及网店店主的大力支持，他们为本书的案例选择和内容写作提出了很多宝贵的意见与建议，在此表示诚挚的感谢！

本书由龙明慧、郭斌担任主编，王秋玲、沈静、程丹丹担任副主编。由于编者水平有限，书中难免存在不当之处，恳请广大读者批评指正。

编　者

2023年9月

目录
Contents

目录
Contents

目录
Contents

目录
Contents

目录
Contents

目录
Contents

项目一
初识网店美工

内容导读

近年来，随着网上购物的蓬勃发展，基于网店设计的需求，网店美工这一职业应运而生。若想从事该职业，需要了解网店美工的工作范畴，掌握网店美工的基础知识和常用的设计软件，从而在激烈的市场竞争中争得一席之地。

知识目标

- 了解网店美工的基础知识。
- 熟悉网店美工常用的设计软件。

技能目标

- 能够掌握店铺装修的基本原则。
- 能够掌握色彩搭配与页面构图的方法。
- 能够掌握网店美工的设计流程。

素养目标

- 深入了解网店美工，加强对岗位的认识和技能培养。
- 加强网店美工的知识储备，提升专业水平。

任务一　网店美工概述

对于有意从事网店美工相关岗位的设计人员来说，有必要了解网店美工的基础知识，包括网店美工的定义、网店美工的技能要求、网店美工的工作范畴，以及网店美工需要注意的问题。

↘ 一、网店美工的定义

网店美工是网店页面编辑美化工作者的统称，其工作职责是负责网店的视觉美化，传达商品信息、树立品牌形象，吸引消费者进店浏览，从而提升店铺的商品销量。

↘ 二、网店美工的技能要求

合格的网店美工需要具备以下技能。

（1）具备良好的沟通理解能力和团队合作意识。

（2）具备较强的美术功底、审美能力，以及丰富的想象力、创造力。

（3）具备使用各种设计与制作软件的能力，如Photoshop、C4D、Illustrator、Premiere等软件，还需要熟悉简单的代码操作，方便编辑页面。

（4）具备运营思维，懂得从运营、推广、数据分析等角度思考问题，并将想法运用到设计中，以提升网店中商品的点击率，激发消费者的购买欲。

> **素养课堂：优秀网店美工应具备的能力**
>
> 一名优秀的网店美工，除了掌握基本的技能要求，还需要做到以下3点：①不断提高自己的专业技能；②突破当前专业领域，接触多元化的设计，保持设计思维的活跃性；③保持好奇心，时刻激发灵感，提高设计效果的创意性。

↘ 三、网店美工的工作范畴

网店美工的工作围绕网店展开，涉及处理商品图片、设计与制作推广图、设计网店页面、制作商品视频、装修网店页面等。

（1）处理商品图片。网店中的图片大部分是拍摄的商品图片，这些图片可能因为拍摄环境、表现方式等问题不能被直接使用，因此网店美工就需要对这些图片进行处理，包括校色、裁剪、修饰等操作。图1-1所示为调整图片颜色的前后效果。

（调整前）　　　　　　　　　　　　　　（调整后）

图1-1

（2）设计与制作推广图。为了使网店中的商品通过各种渠道展示给更多的消费者，实现让消费者购买的目标，网店美工可以通过推广图将网店的商品卖点、促销活动、品牌和服务等信息传达给消费者，加深网店在消费者心中的印象，使消费者对网店产生认同感。图1-2所示为淘宝零食类商品的直通车推广图。

图1-2

（3）设计网店页面。一个优秀的网店必然会有一个美观、独特的网店形象，给消费者留下良好的第一印象。由于网店页面较多，如首页、商品详情页、活动页等，因此，网店美工在设计前应充分了解各个页面的设计要求，针对不同类型的页面进行个性化设计，从而使设计出的页面更符合设计要求，这样才能吸引消费者的注意力，增加网店商品的销量。图1-3所示为某网店的"双11"活动页效果。

图1-3

（4）制作商品视频。为了更好地展现网店的理念、商品制作工艺、商品使用方法等信息，以便消费者深入了解商品，网店美工也经常采用视频制作的方式。常用的视频编辑软件有剪映、快影、爱剪辑等，通过使用这些视频编辑软件制作商品视频，可将商品卖点更加直观地呈现在消费者面前。图1-4所示为开心果主图视频截图，该视频截图展现了开心果的大小、外观等卖点，提升了消费者对该商品的好感度。

图1-4

（5）装修网店页面。页面设计完成后，网店美工需要对设计好的店铺页面进行装修。网店美工在装修时应先装修店招与导航，然后再装修全屏海报、优惠券、商品推荐区等区域。网店美工在装修时可采用模块与代码相结合的方法。图1-5所示为网店的部分模块和网店首页的部分装修效果。

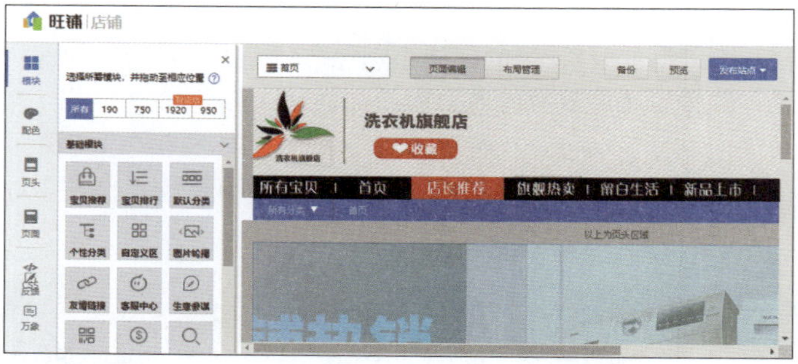

图1-5

四、网店美工需要注意的问题

一名合格的网店美工除了需要掌握基本的技能知识，还需要注意以下问题，避免设计出的效果不符合网店需求。

（1）明确设计思路。网店美工在开展设计工作前，需要有明确的设计思路，即确定一个"大框架"，在该框架中可标明该网店的主营商品、商品特点、设计元素等，让网店页面既美观又符合网店特点。

（2）统一风格。网店美工在设计网店页面时，不但要进行合理的色彩搭配，还要统一网店整体的风格，使整个页面效果更加美观协调。

（3）做好前期准备。在电商平台中，不是网店参与了某个活动或是迎合某个主题后，网店美工才开始设计与装修网店页面，而是需要提前做好准备，明确设计与装修的目的、风格，便于在活动来临之前提前做好规划，保证活动的顺利开展。

（4）分清主次轻重。网店美工在进行设计时，应该明确设计主次，避免网店商品被美观的场景掩埋，产生适得其反的效果，如在设计首页页面时，需要在保证主推商品能被直观展现的前提下，再对页面效果进行美化。

任务二 网店美工必备的视觉设计知识

网店美工在进行网店设计时，通常会从色彩搭配、文字应用、页面布局3个方面展开构思。

一、色彩搭配

色彩与人的心理、情绪有一定的关系，网店美工利用这一点设计页面时，可根据色彩搭配使整个页面形成独特的视觉效果，给消费者留下深刻的印象，实现视觉上的独特性。在色彩搭配中，色彩的三要素是基础，色彩对比是方法，色彩搭配技巧是提升，网店美工掌握这些便可设计出色彩搭配和谐的画面。

（一）色彩的三要素

色彩的三要素是指色彩的色相、明度、纯度，这3种要素虽然相对独立，但又相互关联。

（1）色相。色相是色彩的首要特征，是区别不同色彩的准确标准。色相主要由波长决定，波长不同的光波作用于人的视网膜，会使人产生不同的颜色感受。平时说的红色、蓝色、绿色等，就是色彩的色相。不同色彩能给人带来不同的印象，因此色彩具有象征意义，如红色象征喜悦，黄色象征明快，绿色象征生命，蓝色象征宁静，白色象征坦率，黑色象征压抑等。网店美工可根据色彩的象征意义来进行网店设计，使设计的效果更加符合消费者的心理需求。例如，在网店设计中，绿色象征安全、健康，因此常用于食品、护肤品的设计；而蓝色则象征干净、清洁，因此常用于家居用品、洗护用品的设计。图1-6所示为以绿色为主色的海报效果，给人一种清爽、干净的感觉。

图1-6

（2）明度。明度是指色彩的深浅和明暗程度，由光线强弱决定，一般来说，光线越强，视觉感越亮；光线越弱，视觉感越暗。色彩明度一般分为两种情况：一是同一种色彩有不同的明度，如同一种色彩在强光照射下显得明亮，而在弱光照射下显得较灰暗、模糊；二是多种色彩有不同的明度，各种色彩按明度从高到低排列，分别是白色、黄色、橙色、绿色、红色、蓝色、紫色、黑色。图1-7所示为耳机海报，背景中使用不同明度的蓝色，营造出立体感与空间感。

5

📢—设计经验

不同明度的色彩能给人不同的感觉。例如，高明度的色彩给人明朗、华丽、醒目、通畅、洁净或积极的感觉；中明度的色彩给人柔和、甜蜜、端庄或高雅的感觉；低明度的色彩给人严肃、谨慎、稳定、神秘、苦闷或沉重的感觉。

图1-7

（3）纯度。纯度是指色彩的鲜艳程度。纯度越高，色彩越鲜艳，画面就越活泼、越引人注目；纯度越低，色彩越素雅，画面就越安静、温和。图1-8所示为一款高纯度的海报效果，高纯度的红色搭配黄色和白色，色彩鲜明、引人注目。

图1-8

（二）色彩对比

色彩对比是指人眼对不同色彩的感知差异，主要包括色相对比、明度对比、纯度对比。

（1）色相对比。色相对比是指因不同色彩的色相差别而形成的对比。其对比强弱程度取决于不同色相在色相环上的距离（角度），距离（角度）越小对比越弱，反之则对比越强。色相对比一共有4种程度，分别是原色对比、补色对比、间色对比、邻近色对比。

（2）明度对比。明度对比是指色彩的明暗对比，也被称为色彩的黑白对比。通常情况下，当明度对比强时，画面的清晰度高；当明度对比弱时，画面视觉效果会显得不够突出。

（3）纯度对比。纯度对比是指因色彩纯度有差别而形成的对比。纯度对比弱的画面视觉效果弱，清晰度较低，适合长时间及近距离观看；纯度对比强的画面视觉效果清晰，更加具备识别性。

（三）色彩搭配技巧

网店美工在进行店铺色彩搭配时需要遵循一定的比例。网店设计中，色彩搭配的黄金比例为"70：25：5"，具体是指，主色占总画面的70%，辅助色占总画面的25%，点缀色占总画面的5%。网店美工在进行色彩搭配时，首先根据店铺风格、商品品类选择占用大面积的主色，然后根据主色来选择搭配的辅助色与点缀色，用于突出页面的重点，以及平衡视觉效果。图1-9所示为主色、辅助色与点缀色的应用案例。

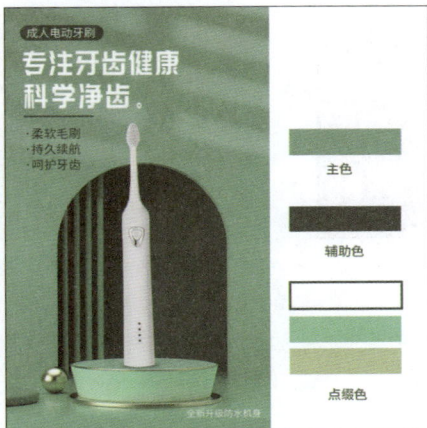

图1-9

在色彩搭配中，主色、辅助色与点缀色具有不同的功能，具体介绍如下。

（1）主色。主色是指页面中占用面积较大，不能被消费者忽视的颜色，它决定了店铺的整体风格。但主色色彩不宜过多，一般控制在1~3种，色彩过多容易让消费者产生视觉疲劳。主色不是随意选择的，而是需要网店美工系统地分析商品品牌受众人群的心理特征，找到受众人群易于接受的色彩，如水果店铺适合选择绿色、黄色和橙色等比较清新的色彩作为主色。

（2）辅助色。辅助色是指在页面中的占用面积小于主色，用于烘托主色的色彩。合理应用辅助色能丰富页面的色彩，使页面更加完整、美观。

（3）点缀色。点缀色是指页面中面积小、比较醒目的一种或多种色彩。合理应用点缀色，可以起到画龙点睛的作用，使页面主次更加分明、富有变化。

二、文字应用

合理的色彩搭配可以使画面变得生动，而合理的文字运用能够增强视觉传达效果，更直观地向消费者阐述商品的详细信息，引导消费者浏览页面与购买商品。网店美工在设计时，可根据不同的画面选择不同的字体类型，并运用一定的文字布局技巧，从而让画面的呈现效果更加美观。

（一）字体的类型

网店美工可根据网店和商品的特征来选择字体类型，使字体效果更加切合网店需求。

（1）宋体。宋体笔画横细竖粗，笔画末尾处有额外的装饰部分，其外形纤细优雅，具有浓厚的文艺气息，是店铺页面中应用较广泛的字体。常用的宋体类型有粗宋、中宋、仿宋等，其中，粗宋适用于标题，中宋适用于凸显重点文字，仿宋适用于说明文字。图1-10所示为宋体在商品推广图中的应用。

（2）黑体。黑体笔画粗细一致，字形平稳、刚劲有力，具有强烈的视觉感。常用的黑体类型有粗黑、大黑、中黑、细黑、雅黑等，其中粗黑适用于标题；大黑、中黑适用于重点文字；细黑、雅黑都是小型字体，适用于说明文字。图1-11所示的海报通过不同类型的黑体字来区分内容的层级关系。

图1-10

图1-11

（3）书法体。书法体具有古朴秀美的特征，常用于玉石、茶叶、笔墨、书籍等具有中国传统风格的商品。常用的书法体类型有篆书体、隶书体、行书体和燕书体等。图1-12所示为应用书法体的网店页面效果。

图1-12

（4）美术体。美术体注重装饰性，具有明显的艺术特征，识别性较强，常用于儿童用品、零食等网店的页面。常用的美术体有方正少儿简体、方正胖娃简体、汉仪秀英简体等，图1-13所示为商品名称应用美术体的网店页面效果。

图1-13

（二）文字的布局技巧

网店美工在确定设计中运用的字体类型后，还需要布局文字，恰当的文字布局可以让画面效果更加美观。

（1）字体的选用与变化。网店美工在排版画面中的文案时，建议选择2~3种匹配度高的字体，这样能呈现出较佳的视觉效果。字体过多会产生整体不协调的感觉，容易分散消费者的注意力，使消费者产生视觉疲劳。选择字体后，网店美工还可考虑通过加粗、变细、拉长、压扁或调整字、行间距等操作来变化字体，使文字产生丰富多彩的视觉效果。

（2）文字的统一。网店美工在编排文字时，需要把握文字的统一性，使文字的字体、粗细、大小和颜色在搭配组合上给消费者以关联感，才不会显得松散杂乱。

（3）文字的层次布局。在网店页面设计中，文字的显示并非简单地堆砌，而是有层次的。网店美工通常是按重要程度设置文本的显示级别，引导消费者按照顺序浏览，此情况下，第一层次应该是该商品所强调的重点，可利用字体、粗细、大小与颜色的对比来设计文字。

图1-14所示饮水机均采用黑体作为主要字体，通过文字的大小对比、添加装饰线、更改文字颜色等方式使文字内容的主次明显，使整体文字具有层次感。

图1-14

↘ 三、页面布局

网店美工在进行页面设计时，为了提升整个页面的美观度，往往会对页面的各个组成元素，如商品图片、文字、形状、装饰素材等进行布局，使页面的展现效果更加和谐，商品更加引人注目，以提高消费者的购买率。

（一）页面布局原则

一个完整的页面中有很多不同的元素，为了合理地布局这些元素，使消费者得到舒适的视觉体验，网店美工在进行页面布局时需要遵循以下原则。

（1）主次分明，中心突出。对于一个完整的页面，其视觉中心通常在页面的中心位置或中部偏上的位置。网店美工在进行页面布局时，可以将网店促销信息或主推款商品等重要信息安排在该位置，以达到吸引消费者注意力的目的。而在视觉中心外的其他位置则可安排次要的内容，使页面主次分明，中心突出。

（2）留有间隙，相互呼应。当展示多个商品时，网店美工可将页面中的多个商品图片互相错开，使图片之间有一定的间隔，形成板块，使页面的各个板块错落有致，避免重心的偏离，达到相互呼应的效果。

（3）合理划分，保持简洁。网店美工在进行页面布局时，应合理、清晰地划分页面的各个区域，方便消费者快速找到自己的目标商品。保持页面的简洁是页面布局的基础，保持页面简洁的常用做法是使用醒目的标题，以及限制所用字体和颜色的数目。

（二）页面布局方式

页面布局是将页面中的各元素通过一定的方式组合在一起实现协调完整的效果，不同的布局方式不仅影响整个页面的美观度，还会给消费者带来不同的视觉感受。

（1）对角线布局。对角线布局是指将各元素按照对角线的方式进行排列，使其形成自然的Z字形，达到视觉牵引效果。该布局方式适合表达自由奔放的动态效果，能给消费者一种清爽、利落的感觉，如图1-15所示。

图1-15

（2）中间对齐布局。中间对齐布局是指将各元素按照中心对齐的方式进行排列，使消费者的视线点更加集中，但是会显得整体页面比较狭窄、沉闷。通常情况下，网店美工可通过留白的方式消除这种弊端，使其产生安静、稳定的感觉，如图1-16所示。

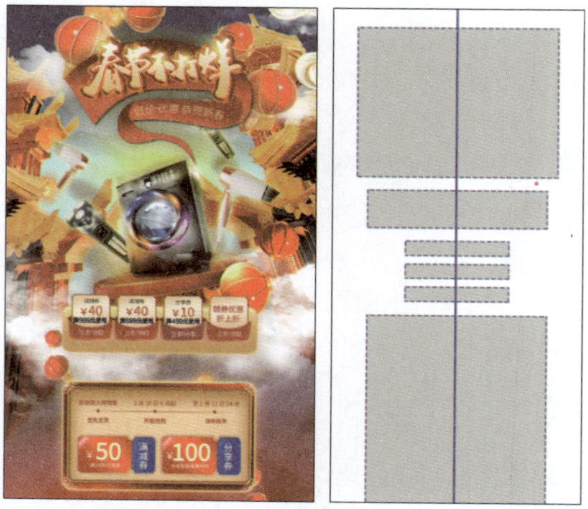

图1-16

（3）左对齐布局。左对齐布局是指将各元素按照左对齐的方式进行排列。人们的视线一般是从左向右移动，在表现具有顺序之分的内容上，如商品使用说明、商品的制作过程等连贯性的主题时，可采用左对齐布局方式进行内容的展现，以方便消费者浏览，如图1-17所示。

图1-17

（4）对称型布局。对称型布局是指以横向或纵向的中心线为轴，将页面的各个要素按照彼此相对的方式进行两侧布局，该布局方式能够营造出一种文静、安定的整体氛围。需要注意的是，对称型布局两侧的组成要素不需要按照完全相同的尺寸和排列方式来进行布局，只要两侧的空间宽度和重量感相同，也能体现出对称的布局效果，如图1-18所示。

图1-18

课堂练习：赏析化妆品店铺首页

素材文件：项目一 \ 化妆品店铺首页 .jpg

重点指数：★★

操作思路

根据前文所讲内容，从页面风格、色彩搭配、商品图片展现、设计手法4个方面进行赏析。

任务三 网店美工常用的设计软件

网店美工在设计时，可根据实际需求，选择常用的设计软件进行制作，如Photoshop、C4D、Illustrator等。

一、Photoshop

图1-19

Adobe Photoshop，简称"PS"，是由Adobe Systems公司开发和发行的图像处理软件，可用于对图像进行调色、修饰、合成、特效制作等处理，让图像色彩、细节更加丰富。Photoshop是网店美工的常用软件，使用Photoshop可进行平面设计、网页制作、后期修饰、视觉创意等操作，图1-19所示为Photoshop的图标，图1-20所示为Photoshop的操作界面。

图1-20

二、C4D

图1-21

C4D（Cinema 4D）由德国Maxon Computer公司开发，是一款进行3D建模、动画、模拟和渲染的专业软件。C4D以极高的运算速度和强大的渲染插件著称，在广告、电影、工业设计等行业中表现突出，网店美工常使用C4D制作3D场景、3D文字等效果，提升画面的立体感和创意感，使其在激烈的竞争中脱颖而出，图1-21所示为C4D的图标，图1-22所示为C4D的操作界面。

图1-22

↘ 三、Illustrator

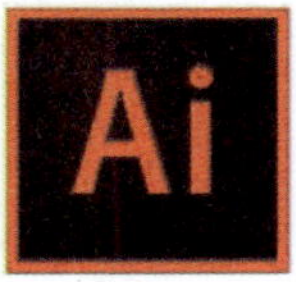

图1-23

Adobe Illustrator，简称AI，同样是由Adobe Systems公司制作的一款矢量图绘制软件，该软件主要应用于印刷出版、海报书籍排版、专业插画、多媒体图像处理和互联网页面的制作等领域。网店美工一般使用AI制作标志设计、矢量素材，以及搭建各类页面结构，图1-23所示为Illustrator的图标，图1-24所示为Illustrator的操作界面。

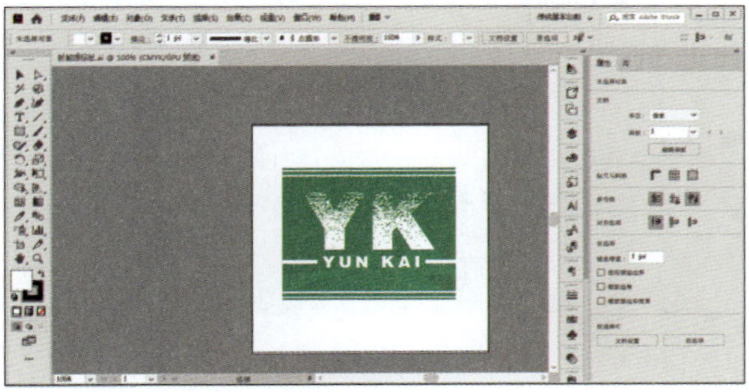

图1-24

任务四　网店美工的设计流程

网店美工的日常设计工作有一定的流程，通常在设计前需要先进行设计定位，然后根据思路收集与处理图片素材，接着布局页面框架，再落实页面设计，最后客户审核通过后开始装修店铺。

↘ 一、设计定位

网店美工在设计与布局网店整体形象前，可先考虑本次设计的定位，通常需要考虑针对的消费群体、店铺需求、商品风格等因素。

（1）针对的消费群体。不同消费群体对网店的设计需求有所不同，如某店铺针对的消费群体为20~30岁的年轻女性，那么在设计定位时，其素材选择、布局方式以及颜色、文字等方面需要符合该群体的审美。

（2）店铺需求。店铺不同时间段的需求不同，如店铺上新时，店铺多针对上新商品进行展示，而当店铺活动或是平台活动时，则需要迎合活动内容进行设计。因此，网店美工在进行设计前需要确定设计切入点，对商品信息、营销方法、活动信息等进行简单梳理，方便后期收集素材。

（3）商品风格。店铺中不同商品的风格会存在区别，网店美工在进行设计定位时，可根据店铺的商品风格塑造相对应的品牌形象，使店铺风格与商品风格相符合，便于商品宣传与销售。

二、收集设计素材

网店美工在确定设计定位后，便可收集素材，方便后期制作时使用。网店美工通常会使用多种类型的素材，如图片素材、视频素材，而这些素材主要有两种收集方式，分别是网上收集和实物拍摄。

（1）网上收集。网上收集是指在互联网上通过素材网站，如千图网、花瓣网等，搜索并下载需要的素材。需要注意的是，网上很多素材不能商用，因此要注意版权问题。图1-25所示为从互联网上下载的图片素材。

图 1-25

（2）实物拍摄。实物拍摄是指商家使用摄像机将不同角度、不同展现方式的商品拍摄下来，如整体、细节、模特展现等，为网店美工后期的制作提供主要素材，该类型的素材要求真实，不能为了销售而弄虚作假。图1-26所示为拍摄的燕窝商品图片。

图 1-26

设计经验

由于网上购物具有特殊性，消费者在购买前不能接触到商品实物，关于商品的所有信息都是通过文字、图片和视频的形式了解到的。因此商品的某些物理特性很难被消费者感受到，如重量、材质等，这对商品图片提出了更高的要求，只有从不同的角度拍摄，力求展示出更多的商品细节，才能打消消费者的疑虑。除了拍摄商品细节图，商家为了展示出商品实物的特性，让消费者直观地感受到商品的实物效果，还可以拍摄商品的使用过程图或使用效果图，以增强可信度，促进消费者购买。

三、素材处理与设计

完成素材的收集后，网店美工还需对其进行简单的处理，如裁剪不需要的区域、修复污点、调整色调、抠取素材等，保证素材能够被后续使用。素材处理完成后，网店美工还可使用Photoshop进行后续设计，如添加文字、形状、线条等，从而得到完整的效果。图1-27所示为图片素材处理前、处理后和进行后续设计的效果。

图1-27

四、页面设计

网店美工在进行页面设计时，除了要设计单个图片，还需要设计首页、活动页、详情页等页面。网店美工在设计时要注意画面的统一性和内容的连贯性，如在首页的店招设计上要体现网店名称和Logo（标志）；全屏海报设计上不但要体现促销信息，还要使商品的展示画面符合网店的主题；商品推荐区设计上不但要展现处理后的商品图片，还要有商品名称、价格等信息，丰富画面的信息量，使其更加符合消费者的需求。

在设计详情页时，商家可通过调整商品图片的风格、色调等使整个效果与首页风格、色调统一，并通过展现商品的特点、适用范围、商品参数和售后服务等内容，使消费者了解商品信息。图1-28所示为某品牌首页和详情页的部分设计效果，可看出其首页与详情页的风格统一，配色上都以蓝色调为主色，以白色和黑色为辅助色，以橙色为点缀色，整个效果清新、自然，不但突显了网店的自然主题，还很好地展示了商品的特点。

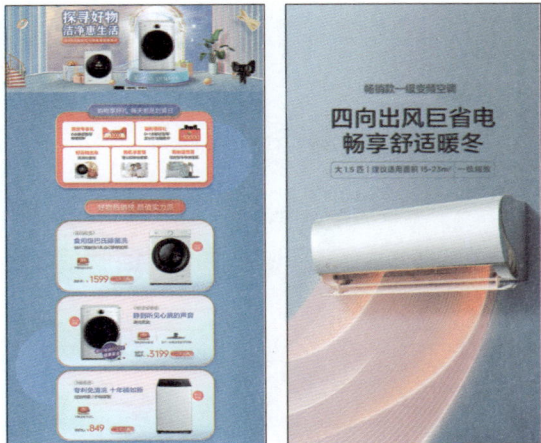

图1-28

五、设计审核与效果调整

当完成详情页设计后，网店美工还需要将设计效果交由上级主管或是网店店主进行审核，审核内容包含设计的效果是否符合店铺需求，是否存在违禁词，其商品信息是否有误，其文字信息是否能准确展现商品卖点等。审核完成后，网店美工还需要根据审核信息进行调整，使设计更加符合需求。

↘ 六、店铺装修

最终审核通过后，网店美工就可以进行店铺装修了。在店铺装修过程中，首页、活动页、详情页都通过不同板块的拼接来展现。此时，网店美工需要将首页或详情页中的各个板块进行切片处理，如图1-29所示，并在相应的平台中装修店铺页面。

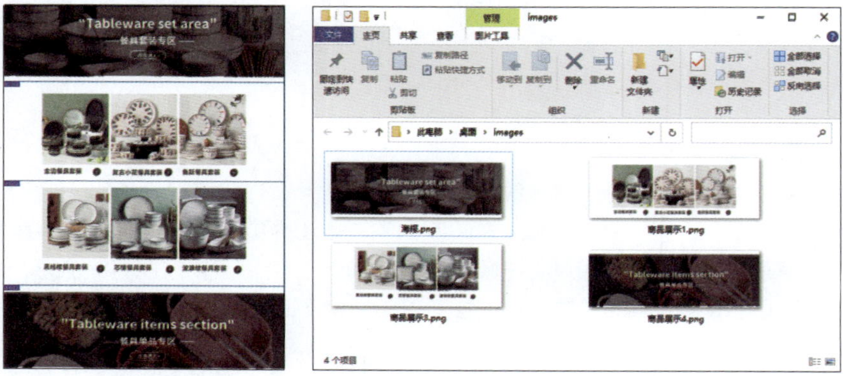

图 1-29

课堂练习：构思女包店铺首页的设计

效果文件：项目一\箱包店铺首页.png
重点指数：★★

操作思路

为一个品牌定位为简约、大气的箱包店铺构思首页，其消费群体主要是18~40岁的年轻消费者，商品拍摄风格简洁、大气，可以结合消费者和商品的定位来展开构思。

思考与练习

一、单选题

1. 色彩的三要素是（　　　）。
   A. 红、澄、蓝
   B. 色相、明度、纯度
   C. 冷暖、明暗、明度
   D. 主色、辅助色、点缀色

2. 通常一个版面中的字体最好不要超过（　　　）种，字体过多会显得画面杂乱，容易分散消费者的注意力。
   A. 1　　　　　　　B. 2　　　　　　　C. 3　　　　　　　D. 4

3. 笔画横细竖粗，笔画末尾处有额外的装饰部分的字体是（　　　）。
   A. 宋体　　　　　B. 黑体　　　　　C. 书法体　　　　D. 美术体

4. 在色彩搭配中，主色一般会控制在几种？（　　　）
   A. 1　　　　　　　B. 2　　　　　　　C. 3　　　　　　　D. 5

5. 网店设计中，色彩搭配的黄金比例为（　　　）。
   A. 80：10：10　　B. 70：25：5　　C. 70：20：10　　D. 85：20：5

二、填空题

1. _____是在页面中占用面积最大、最能吸引消费者的色彩，它决定店铺的整体风格。

2. 色彩对比包括_____、_____、_____等对比方式。

3. _____笔画粗细一致，字形平稳、刚劲有力，具有强烈的视觉感。

三、简答题

1. 什么是色彩的三要素？

2. 色彩搭配比例是多少，为什么需要保持该比例？

3. 简述网店美工的设计流程。

四、实训题

1. 在淘宝平台中挑选自己喜欢的网店，鉴赏其网店首页的设计效果，分析其中的色彩搭配和文字布局。

2. 图1-30所示为某品牌店铺的首页，通过分析其构图方式、色彩搭配、布局等，将观察分析后总结的经验运用到自己的创作中。

真正的安全感
是一个懂你的家
跨品类至高93折
会员专属福利
瓜分礼
全店瓜分5万红包
13日20–24点购机
5万
补贴礼
0.01元
满5000元送260元会员政府补贴
260
会员购机满5999元
加赠299元清洗卡
跨品类买多件
至高享93折优惠
满2件97/3件95/4件及以上93折
会员加购抽
晒图领回血礼包
升级Pro会员 购机专享价值899元大礼包
100元优惠券
（满3000元送100元券）
199元家电清洗卡
（五件任洗一件）
实付满5000元返260元
满10000元返600元
（政府补贴）

图1–30

项目二
处理商品图片

内容导读

  由于受拍摄环境、拍摄器材以及光线等条件的限制，收集或是拍摄的商品图片往往不能直接使用，需要调整和编辑图片的尺寸、色彩以及去除污渍。在完成这些基本操作后，网店美工还要根据实际的设计需要进行抠图、合成等操作，以便后期进行各类效果图的制作。

知识目标

- 掌握调整商品图片尺寸的方法。
- 掌握调整商品图片色彩的方法。
- 掌握修复商品图片的方法。
- 掌握抠取和合成商品图片的方法。

技能目标

- 完成编辑"草莓"商品图大小的操作。
- 完成调整首饰商品图色彩的操作。
- 完成去除商品图片污渍和多余部分的操作。
- 完成抠取女包和婚纱等商品图片的操作。
- 完成投影灯海报和端午节海报的制作。

素养目标

- 培养分析商品图片问题的能力。
- 提升处理与设计商品图片的能力。

任务一　调整商品图片尺寸

　　网店美工处理商品图片的第一步操作通常是调整商品图片的尺寸，使商品图片的尺寸符合平台要求。

↘ 一、调整商品图片的大小

　　电商平台通常对上传的商品图片大小有一定的限制，以便商品图片在网上快速传输并显示，所以在大多数情况下，网店美工都需要重新设置商品图片的大小，使其符合电商平台的要求。在 Photoshop 中，可以使用【图像大小】命令调整商品图片的尺寸和大小。其方法为：在Photoshop中打开一张商品图片，选择【图像】/【图像大小】命令，打开"图像大小"对话框，在"像素大小"栏中设置宽度和高度的参数，单击 确定 按钮，如图2-1所示。

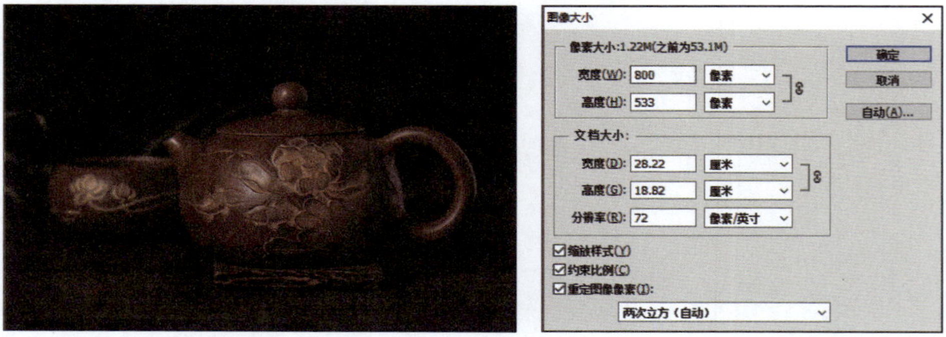

图2-1

📢 ── 设计经验 ──────────────────

　　"像素大小"栏用于显示图片的像素大小，其宽度和高度针对的是商品图片；"文档大小"栏则用于显示当前文件的大小，其宽度和高度针对的是文件。

↘ 二、裁剪商品图片

　　网店的不同模块对商品图片尺寸的要求不同，当商品图片尺寸过大时，就需要裁剪商品图片。除此之外，若需要对细节进行展示，网店美工还可针对该细节区域进行裁剪。

　　（1）固定尺寸裁剪。其是指按照软件中固定的尺寸进行裁剪，通常是在"裁剪方式"下拉列表中选择合适的裁剪比例。其方法为：打开商品图片，选择"裁剪工具" 🔲，在"裁剪方式"下拉列表中选择已有的固定尺寸比例选项，此时可发现打开的商品图片四周自动出现固定尺寸裁剪框，调整裁剪框位置后，按【Enter】键或单击 ✔ 按钮完成裁剪操作。当选择"宽×高×分辨率"选项时，在右侧设置宽、高、分辨率后，可发现打开的商品图片上自动出现设置的裁剪框，此时按【Enter】键即可按设置的尺寸完成裁剪操作，如图2-2所示。

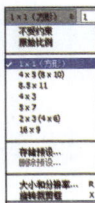

图2-2

（2）裁剪细节部分。如果需要展示商品的细节，可以直接使用拍摄的原图进行裁剪。其方法为：打开商品图片，选择"裁剪工具" 🔲，此时在图像编辑区中将出现8个控制点用于确认裁剪区域，按住【Alt】键不放并拖动控制点以确认裁剪区域，按【Enter】键完成操作，如图2-3所示。需要注意的是，该方法只适用于高质量、高清晰度的商品图片，若图片质量不佳则建议使用具有微距功能的相机拍摄该商品的细节特写。

图2-3

三、【课堂案例】——处理"草莓"商品图片大小

某水果店铺要上架草莓商品，现需要对拍摄的草莓商品图片大小进行处理，方便用于主图制作，要求商品图片的尺寸为800像素×800像素，具体操作步骤如下。

步骤01 打开素材文件。打开"草莓.jpg"素材文件（配套资源:\素材文件\项目二\草莓.jpg），如图2-4所示。

步骤02 选择裁剪方式。选择"裁剪工具" 🔲，在工具属性栏的"裁剪方式"下拉列表框中选择"1×1（方形）"选项，如图2-5所示。

步骤03 确定裁剪区域。此时画布中将出现正方形裁剪框，将鼠标指针移至裁剪框内，按住鼠标左键不放并拖动裁剪框，调整裁剪框在图片中的位置，如图2-6所示，调整裁剪区域后按【Enter】键，完成裁剪操作。

扫一扫

【课堂案例】——处理"草莓"商品图片大小

图2-4　　　　图2-5　　　　图2-6

步骤 04 调整图片大小。选择【图像】/【图像大小】命令，在打开的对话框中的"像素大小"栏设置宽度和高度均为"800像素"，设置分辨率为"72像素/英寸"，单击 确定 按钮，如图2-7所示。

步骤 05 查看效果。返回图像编辑区，发现图片变小，按【Ctrl+S】组合键保存文件（配套资源:\效果文件\项目二\草莓.jpg），如图2-8所示。

图2-7   图2-8

课堂练习：制作糕点主图背景

素材文件：项目二\糕点主图背景.jpg
效果文件：项目二\糕点主图背景.jpg
重点指数：★★

操作思路

　　主图尺寸一般为800像素×800像素，查看提供的素材可发现该素材的尺寸过大，而且比例不符合需求，需要先将其裁剪到适合大小，并在裁剪时保留糕点的主体部分，避免影响商品的完整显示。

操作提示

　　打开背景素材，如图2-9所示；裁剪商品图片比例为1:1；调整商品图片尺寸为800像素×800像素；保存文件，最终参考效果如图2-10所示。

图2-9　　　　　　　　　　　　　　图2-10

任务二　调整商品图片颜色

店铺商品在售卖过程中，有时会发生因为商品图片颜色与实物不符产生退货的情况，为避免该情况，网店美工需调整商品图片的颜色。由于商品图片通常存在偏暗、偏亮或是偏色等情况，不同情况又可选择不同的调整方法。

↘ 一、调整偏暗或偏亮的商品图片

拍摄的商品图片往往会因受天气、时间等因素的影响而出现曝光不足或是曝光过度的情况，曝光不足会造成商品图片偏暗，而曝光过度则会造成商品图片偏亮，此时，网店美工可使用以下方法来解决。

（1）通过【亮度/对比度】命令调整商品图片。使用【亮度/对比度】命令可对商品图片的亮度和对比度进行调整，如将灰暗的商品图片变亮并增加商品图片的明暗对比度，反之亦可。其方法为：选择需要调整的商品图片，选择【图像】/【调整】/【亮度/对比度】命令，打开"亮度/对比度"对话框，向右拖动"亮度"和"对比度"下方的滑块可使商品图片变亮，向左拖动"亮度"和"对比度"下方的滑块可使商品图片变暗，如图2-11所示。

（2）通过【曲线】命令调整商品图片。使用【曲线】命令可对商品图片的色彩、亮度和对比度进行调整，使商品图片的色彩更加具有质感。其方法为：选择需要调整的商品图片，选择【图像】/【调整】/【曲线】命令或按【Ctrl+M】组合键，打开"曲线"对话框，将鼠标指针移动到曲线上，单击鼠标左键增加一个控制点，按住鼠标左键不放向上方拖曳即可调整商品图片的亮度，向下拖曳即可调整商品图片的明暗对比度，如图2-12所示。

图2-11

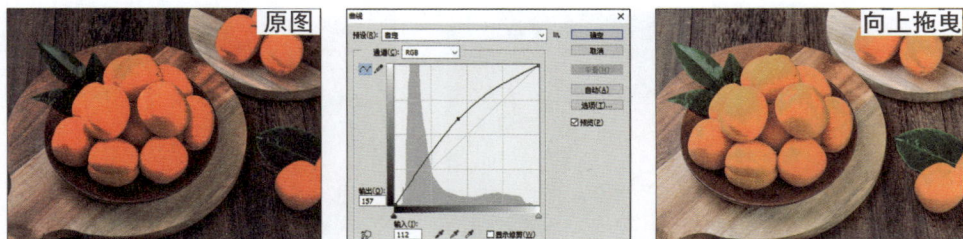

图2-12

（3）通过【曝光度】命令调整商品图片。【曝光度】命令常用于处理曝光度不够、色彩暗淡或曝光过度、色彩太亮的商品图片。其方法为：选择需要调整的商品图片，选择【图像】/【调整】/【曝光度】命令，打开"曝光度"对话框，通过设置曝光度、位移和灰度系数参数，可以调整商品图片的明亮程度，使商品图片变亮或变暗，如图2-13所示。

图2-13

（4）通过"减淡工具" 和"加深工具" 调整商品图片。"减淡工具" 主要用于为商品图片的亮部分、中间调部分和暗部分分别进行减淡处理，使用该工具在某一区域涂抹的次数越多，该区域的颜色也就越淡。"加深工具" 主要用于加深商品图片的局部颜色，使用该工具在某一区域涂抹的次数越多，该区域的颜色也就越深。图2-14所示为使用两个工具调整馒头商品图片的效果。

图2-14

↘ 二、调整偏色的商品图片

在拍摄时，环境、光线的影响或相机参数设置不当都会导致拍摄出的商品图片色彩与人眼看到的色彩不同，会给消费者带来视觉上的误差，甚至引起误会。因此，网店美工在后期处理时可以使用【色彩平衡】命令、【自然饱和度】命令、【色相/饱和度】命令等对这些商品图片进行色彩校正，让商品图片恢复真实色彩。

（1）通过【色彩平衡】命令调整商品图片。网店美工使用【色彩平衡】命令可以调整商品图片的阴影处、中间调部分和高光处的色彩，得到鲜亮、明快的效果。其方法为：网店美工选择需要调整的商品图片，选择【图像】/【调整】/【色彩平衡】命令，或按【Ctrl+B】组合键打开"色彩平衡"对话框，在图片原色彩的基础上根据需要来调整不同颜色的占比，通过增加某种颜色的补色以减少该颜色的数量，如图2-15所示，或通过增加某种颜色以减少该颜色的补色从而达到改变商品图片的原色彩的目的。这种方法常用于调整明显偏色的商品图片。

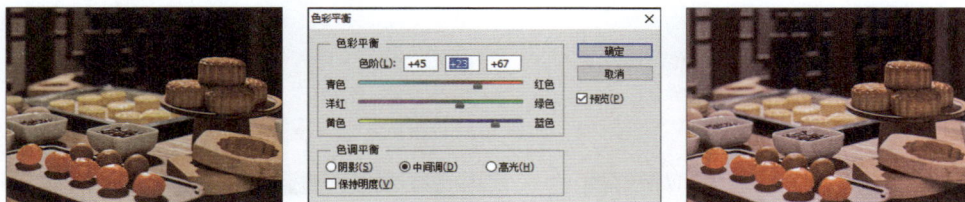

图2-15

（2）通过【自然饱和度】命令调整商品图片。使用【自然饱和度】命令可增加商品图片色彩的饱和度，并且可在增加饱和度的同时，防止颜色过于饱和而出现溢色现象。其方法为：选择需要调整的商品图片，选择【图像】/【调整】/【自然饱和度】命令，打开"自然饱和度"对话框，其中自然饱和度参数用于调整颜色的自然饱和度，避免色调失衡，该值越小，自然饱和度越低；该值越大，自然饱和度越高。饱和度参数用于调整所有颜色的饱和度，该值越小，饱和度越低；该值越大，饱和度越高，如图2-16所示。

图2-16

（3）通过【色相/饱和度】命令调整商品图片。使用【色相/饱和度】命令可以调整商品图片全图或单个颜色的色相、饱和度和明度，常用于处理商品图片中不协调的单个颜色。其方法为：选择需要调整的商品图片，选择【图像】/【调整】/【色相/饱和度】命令，或按【Ctrl+U】组合键打开"色相/饱和度"对话框，在其中调整色相、饱和度、明度参数，从而改变商品图片的色彩，如图2-17所示。

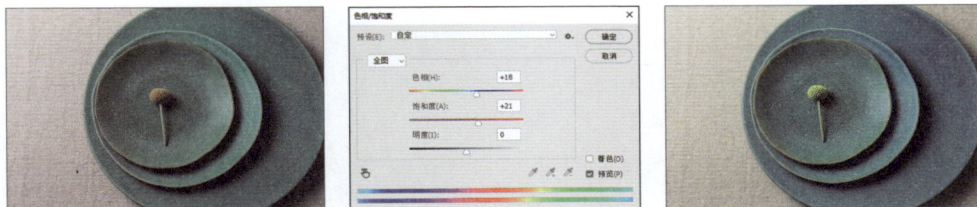

图2-17

三、【课堂案例】——调整首饰商品图片的颜色

近期某珠宝类商品销售网店想推出一款玉石首饰作为重点宣传商品，需要调整拍摄的玉石首饰商品图片的颜色，增加亮度/对比度、曝光度和明暗对比度，使商品图片更加符合需求，具体操作步骤如下。

步骤 01 打开素材文件。打开"首饰.jpg"素材文件（配套资源:\素材文件\项目二\首饰.jpg），如图2-18所示。按【Ctrl+J】组合键复制图层。

步骤 02 设置亮度/对比度。选择【图像】/【调整】/【亮度/对比度】命令，打开"亮度/对比度"对话框，设置亮度为"30"、对比度为"20"，单击 确定 按钮，如图2-19所示。

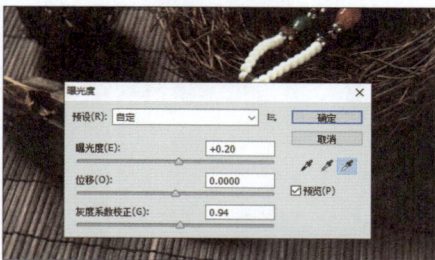

图2-18 图2-19

步骤 03 设置曝光度。选择【图像】/【调整】/【曝光度】命令，打开"曝光度"对话框，设置曝光度为"+0.20"、灰度系数校正为"0.94"，单击 确定 按钮，如图2-20所示。

步骤 04 查看效果。此时可发现曝光效果恢复正常，效果如图2-21所示。

图2-20 图2-21

步骤 05 创建选区。选择"磁性套索工具"，在首饰的边缘单击鼠标左键，然后沿着首饰的边缘拖曳鼠标指针可发现首饰边缘自动出现锚点，当完成整个首饰的拖动并与起始锚点重合后，其锚点将自动转换为选区，效果如图2-22所示。

步骤 06 设置曝光度。选择【图像】/【调整】/【自然饱和度】命令，打开"自然饱和度"对话框，设置自然饱和度为"+20"、饱和度为"+25"，单击 确定 按钮，如图2-23所示。

步骤 07 设置曲线。选择【图像】/【调整】/【曲线】命令，打开"曲线"对话框，将鼠标指针移动到左下方的曲线处向下拖动增加对比度，然后将鼠标指针移动到曲线右上

方，向上拖动提升亮度，完成后单击 确定 按钮，可发现整个首饰部分变亮，如图2-24所示。

图2-22　　　　　　　　　　　　　　　图2-23

图2-24

步骤 08 减淡图片。按【Shift+Ctrl+I】组合键反向选择选区，选择"减淡工具" ，在工具属性栏中的"范围"下拉列表框中选择"中间调"选项，设置曝光度为"50%"，按【[】键或【]】键调整画笔大小，涂抹该选区中的背景提亮该部分，如图2-25所示。

步骤 09 保存首饰效果。按【Ctrl+D】组合键取消该选区，然后按【Ctrl+S】组合键保存文件，其效果如图2-26所示（配套资源:\效果文件\项目二\首饰.psd）。

图2-25　　　　　　　　　　　　　　　图2-26

🔊 设计经验

　　调整商品图片色调的思路为：首先调整出商品图片的层次感，也就是调整商品图片的明暗度，因为较好的光影才能使画面显得更加高级；再调整画面中的色彩饱和度，解决偏色问题，从而统一画面整体色调。

课堂练习：调整手珠色调
素材文件：项目二\手珠.jpg 效果文件：项目二\手珠.jpg 重点指数：★★★

操作思路

由于整个商品图片色调偏暗，手珠颜色暗淡，为了让画面色调更加统一，并突出手珠商品，需要先提升明暗对比度，展示出细节部分，增加商品质感，然后调整色调，更好地展示商品特性。

操作提示

打开"手珠.jpg"素材，如图2-27所示；依次使用【曲线】【色彩平衡】【曝光度】命令，调整商品的明暗效果，突出手珠的光泽感，增加商品图片的对比程度；使用【自然饱和度】命令提升商品图片的鲜艳程度，最终参考效果如图2-28所示。

图2-27

图2-28

任务三　修复商品图片

拍摄商品图片时，常会因为受各种因素的影响造成不同类型的瑕疵，如商品有污点、褶皱等，或是存在多余物体，网店美工需要对这些瑕疵进行遮挡与修复，让商品图片的效果更加完美。

一、修复商品图片的常用方法

掌握修复商品图片的常用方法能快速完成商品图片的修复操作，而修复操作通常需要使用修复工具，针对不同的修复问题，使用的修复工具均不相同。

（1）通过"仿制图章工具" ▲ 修复商品图片。仿制图章工具可将商品图片的一部分复制到同一图片的另一位置。其方法为：打开要修复的商品图片，选择"仿制图章工具" ▲ ，在工具属性栏中设置适合的画笔大小，按住【Alt】键不放，此时鼠标指针变成中心带有十字准心的圆圈，在原商品图片中确定要复制的取样点，这时鼠标指针将变成空心圆圈；将鼠标指针移动到商品图片中需要覆盖的区域反复拖曳，即可将取样点周围的商品图片复制到单击点周围，如图2-29所示。

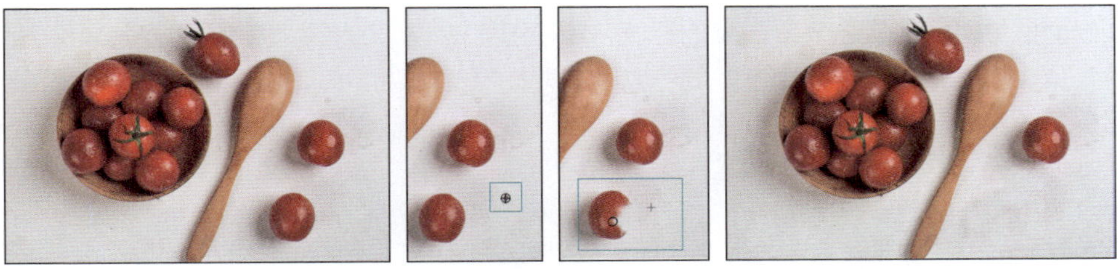

图2-29

（2）通过"图案图章工具" ▲ 修复商品图片。图案图章工具的作用与仿制图章工具类似，只是图案图章工具并不需要建立取样点。网店美工通过该工具可以使用指定的图案填充鼠标涂抹的区域。其方法为：打开要修复的商品图片，选择"图案图章工具" ▲ ，在工具属性栏中设置画笔大小和画笔图案，然后在需要填充图案的区域拖动鼠标指针，如图2-30所示。

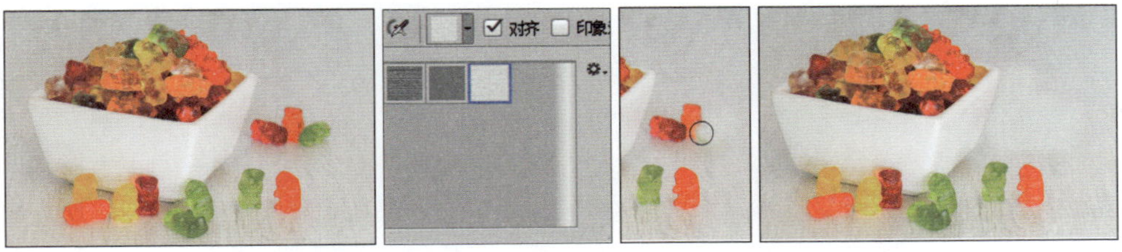

图2-30

📢 设计经验

选择"图案图章工具" ▲ ，在工具属性栏中单击 ▪ 按钮，接着在弹出的快捷菜单中选择【载入图案】命令，可载入新的图案；选择【存储图案】命令，可将已绘制的图案储存到现有图案中。

（3）通过"污点修复画笔工具" ✎ 修复商品图片。污点修复画笔工具可以快速地去除商品图片中的污点、划痕和其他不需要的部分。其方法为：打开要修复的商品图片，选择"污点修复画笔工具" ✎ ，在工具属性栏中分别设置画笔大小、模式、类型等参数，然后在需要修复的区域拖动鼠标指针，此时不需要的区域将逐渐被去除，并自动填充周围的像素，如图2-31所示。

图2-31

（4）通过"修复画笔工具" ✎ 修复商品图片。修复画笔工具可以用商品图片中与被修复区域相似的颜色去修复其他区域，其使用方法与仿制图章工具基本相同，修复画笔工具会根据被修复区域周围的颜色以及被取样点的透明度、颜色、明暗来进行调整，这样修复出的商品图片效果会更加柔和。其方法为：打开要修复的商品图片，选择"修复画笔工具" ✎ ，在工具属性栏中设置适合的画笔大小，按住【Alt】键，在商品图片中要复制的取样点处单击鼠标左键，这时鼠标指针将变成空心圆圈，将其移动到要修复的位置反复拖曳，即可将取样点周围的效果复制到修复区域，如图2-32所示。

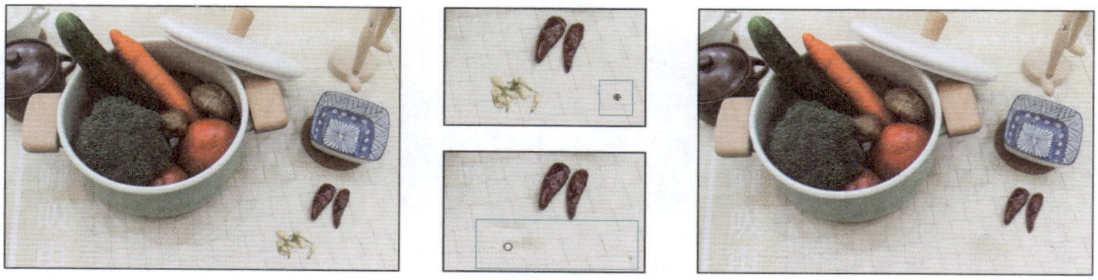

图2-32

（5）通过"修补工具" ⚙ 修复商品图片。修补工具可以利用指定图片或图案来修复所选区域中的商品图片。其方法为：打开要修复的商品图片，选择"修补工具" ⚙ ，在工具属性栏中设置修补方式，在图片上拖曳鼠标指针，为需要修复的图片区域建立选区，将鼠标指针移动到选区上，并按住鼠标左键不放将选区按照修补的取样区域移动，可发现修复区域逐渐被取样区域的效果覆盖，若没有被完全覆盖，可重复操作，如图2-33所示。

图2-33

↘ 二、【课堂案例】——去除商品图片中的污渍

随着小麦的丰收，某销售农产品的店铺准备上架一款由优质本土小麦制作的馒头商品，并拍摄了馒头商品图片，但是馒头蒸出一段时间后会出现回弹的情况，使表面形成坑洞，并且商品图片还存在污渍，此时需要先去除污渍，然后修复表面坑洞，使整个商

品图片看起来更加美观，具体操作步骤如下。

步骤 01 打开素材文件。打开"馒头.jpg"素材文件（配套资源:\素材文件\项目二\馒头.jpg），如图2-34所示，按【Ctrl+J】组合键复制图层。

步骤 02 绘制选区。选择"修补工具" ![icon]，在工具属性栏中的"修补"下拉列表中选择"内容识别"选项，沿着右上侧馒头的污迹部分绘制选区，如图2-35所示。

图2-34 　　　　　　　　　　　　　图2-35

步骤 03 覆盖选区。按住鼠标左键不放并向左拖动，可发现污渍区域被移动后的区域覆盖，如图2-36所示，释放鼠标，按【Ctrl+D】组合键取消选区。

步骤 04 修复坑洞。选择"污点修复画笔工具" ![icon]，在工具属性栏中设置画笔大小为"100"，然后单击选中"内容识别"选项，在右侧馒头的坑洞区域单击鼠标左键并向右拖动，如图2-37所示，释放鼠标后可发现拖动区域中的坑洞已被修复。

图2-36 　　　　　　　　　　　　　图2-37

步骤 05 修复其他坑洞。使用相同的方法修复其他坑洞，效果如图2-38所示。

步骤 06 修复褶皱。选择"修复画笔工具" ![icon]，在工具属性栏中设置画笔大小为"100"，按住【Alt】键不放，在褶皱右侧的空白处单击鼠标左键，然后在左下方馒头的褶皱处拖动，可发现褶皱逐渐消失。重复操作依次对未消除的褶皱处进行拖动修复褶皱，如图2-39所示。

步骤 07 修补超出部分。选择"修补工具" ![icon]，在工具属性栏中的"修补"下拉列表中选择"内容识别"选项，在右上角馒头凸出部分拖曳鼠标指针创建选区，然后向下拖动修补凸出部分，如图2-40所示。

步 骤 08 最终效果。使用相同的方法，修复其他瑕疵部分，然后保存图片，查看完成后的效果，如图2-41所示（配套资源:\效果文件\项目二\馒头.psd）。

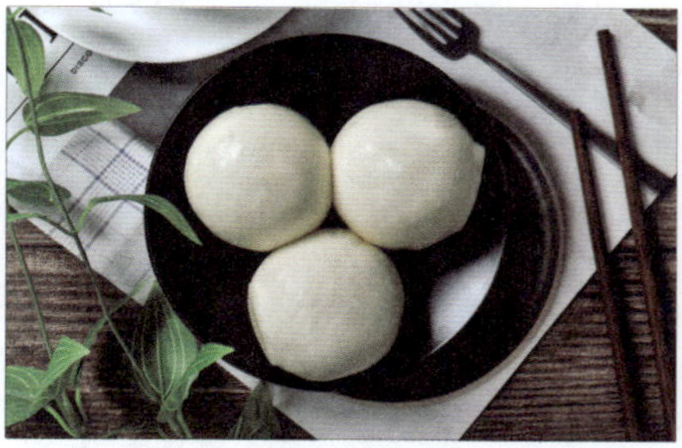

图2-38

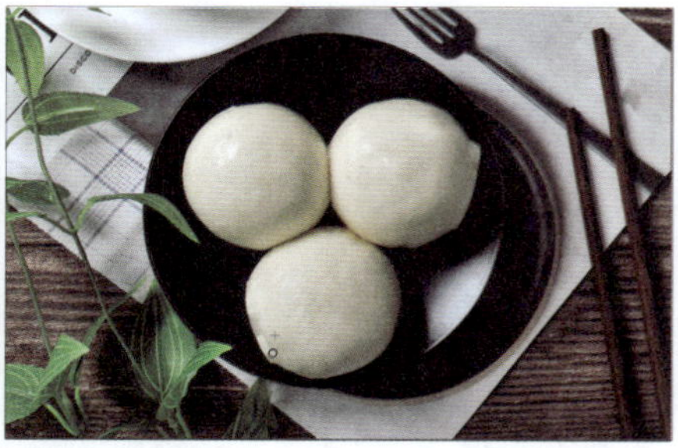

图2-39

图2-40

图2-41

↘ 三、【课堂案例】——去除商品图片中的多余部分

某榨汁机品牌准备推广一款便携榨汁机，需要修复处理该商品图片，去除商品图片中多余的部分。观察商品图片可发现该图采用手握的方式拍摄便携榨汁机外观，为了便于后期设计需要去除手部图像，具体操作步骤如下。

步 骤 01 打开素材。打开"便携榨汁机.jpg"素材文件（配套资源:\素材文件\项目二\便携榨汁机.jpg），如图2-42所示，按【Ctrl+J】组合键复制图层。

步 骤 02 去除便携榨汁机外面的手。使用任意创建选区工具沿着便携榨汁机下方手握位置创建选区，选择"仿制图章工具" ，按【[】键或【]】键调整图章的大小，按【Alt】键不放并在手上方的空白背景处取样，接着在选区内涂抹，在涂抹过程中可以不断取样背景上的区域，从而去除背景中的手，如图2-43所示。

步 骤 03 去除便携榨汁机下方的手。使用相同的方法在便携榨汁机右下侧区域创建选区，按【Alt】键不放并在便携榨汁机粉色以及高光部分取样，接着在选区内涂抹，在涂抹过程中可以不断调整图章大小，如图2-44所示。

步 骤 04 恢复便携榨汁机的高光部分。选择"仿制图章工具" ，按【[】键或【]】键调整图章大小，按【Alt】键不放并在便携榨汁机高光部分取样，释放【Alt】键后在手指遮挡的高光处涂抹，如图2-45所示。

图2-42

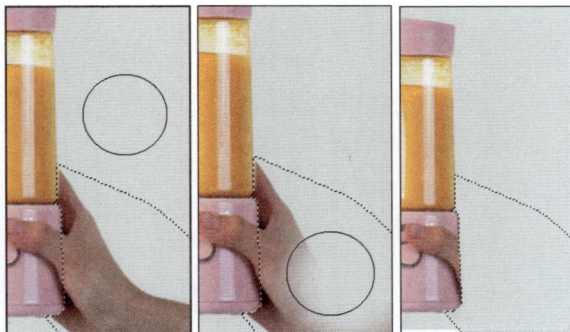

图2-43

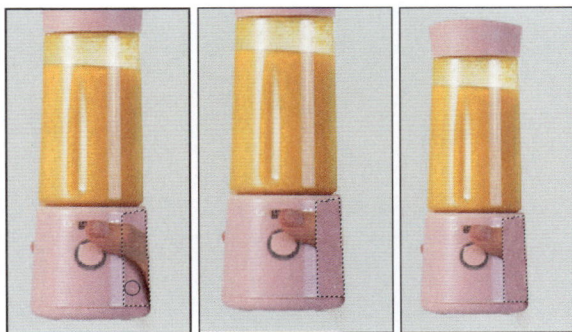

图2-44

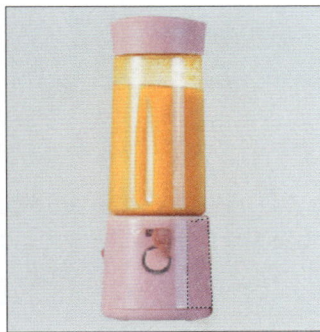

图2-45

步骤 05 去除按钮上的手指。选择"多边形套索工具" ，在圆形按钮下方创建选区，按【Ctrl+J】组合键复制选区到新图层上，选择新图层，按【Ctrl】键并单击图层缩略图创建选区，按【Ctrl+T】组合键进入选区编辑状态，旋转选区使其与按钮残缺部分重叠，完成后再次使用"仿制图章工具" 涂抹按钮和右上角手指处，使其更加自然，如图2-46所示。

步骤 06 最终效果。继续按【Alt】键不放并在便携榨汁机左侧边缘相似处取样，释放【Alt】键在选区位置涂抹，在涂抹过程中可以不断取样周围的图片，去除便携榨汁机左侧残余的手指，效果如图2-47所示（配套资源:\效果文件\项目二\便携榨汁机.psd）。

图2-46

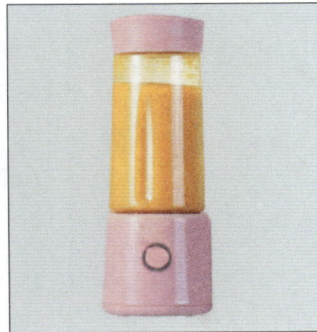

图2-47

课堂练习：处理辣椒素材杂物	 扫一扫

素材文件：项目二\辣椒.jpg
效果文件：项目二\辣椒.jpg
重点指数：★★★

微课视频

操作思路

观看素材可发现，右上角木叉有些抢夺视线，网店美工需要将其处理掉，使背景显得干净并方便后期添加其他元素。

操作提示

打开背景素材；使用仿制图章工具、修补工具等去除木叉；然后使用修补工具对残余木叉图像的区域进行修复；调整色调和明暗对比度，使图片更加具有质感，修复图片前后对比效果如图2-48所示。

图2-48

任务四　抠取商品图片

优秀的图片背景可以提高商品图片的美观度，提高视觉展现效果，从而营造良好的销售氛围。若商品图片的背景不符合需求，网店美工可将商品从背景中抠取出来，并将其添加到其他美观的背景中，以提升美观度。

↘ 一、抠取商品图片的常用方法

在Photoshop中，为了完成快速抠取商品图片，网店美工会根据商品图片的特点来选择合适的抠取方法。

（1）边缘规则的商品图片抠取。网店美工在抠取一些边缘较为规则的商品图片时，可凭据商品外观形状使用选框工具组内的工具快速创建选区进行抠图，如矩形选框工具、椭圆选框工具等；而对于边缘为直线的规则商品，可选择多边形套索工具进行快速抠图。

（2）简单背景抠取。网店美工在抠取背景较为简单的商品图片时，可使用快速选择工具、魔棒工具快速抠取。

（3）复杂图片抠取。当遇到轮廓比较复杂、背景也比较杂乱的商品图片时，网店美工可使用钢笔工具将绘制的路径转化为选区，使抠取更加精准。

（4）毛发图片抠取。对于包含头发或毛绒的商品图片来说，采用一般的抠图方法很难达到理想的效果，且非常浪费时间，此时可利用Photoshop中的调整边缘功能进行抠取。

（5）透明图片抠取。抠取如水杯、酒杯、婚纱、冰块、矿泉水等具有透明特征的商品图像时，使用一般的抠图工具和功能得不到想要的透明效果，此时网店美工可结合使用钢笔工具、图层蒙版和通道功能进行抠图。

↘ 二、【课堂案例】——抠取女包商品图片

某女装网店准备将新拍摄的女包商品图片制作为焦点图，现在需要将该女包图像抠取出来，添加到焦点图背景中。网店美工在抠取时可采用快速选择工具、多边形套索工具、钢笔工具、魔棒工具等，其具体操作步骤如下。

【课堂案例】——抠取
女包商品图片

步骤01 新建文件。打开"女包.jpg"素材文件（配套资源:\素材文件\项目二\女包.jpg），如图2-49所示。

步骤02 为背景添加选区。选择"快速选择工具" ，在工具属性栏中单击"添加到选区"按钮 ，并设置画笔大小为"70"，在背景中拖曳鼠标指针添加选区，完成背景选区的创建，如图2-50所示。

步骤03 减去女包部分。观察添加的选区可发现存在多选选区和少选选区的情况，此时可使用其他选择工具进行细化。选择"套索工具" ，在工具属性栏中单击"从选区减去"按钮 ，在女包左侧多选区域拖曳鼠标指针，减去拖曳部分内的选区，如图2-51所示。

图2-49

图2-50

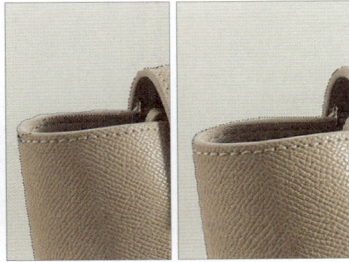

图2-51

步骤04 减去背带部分。观察女包的背带部分可发现有些区域被多选，选择"多边形套索工具" ，在工具属性栏中单击"从选区减去"按钮 ，沿着背带的轮廓绘制选区，

完成选区绘制后其绘制的区域将自动减去，如图2-52所示。

步骤 05 添加背带部分。查看女包可发现女包背带部分存在未被选中区域。选择"钢笔工具" ，设置工具模式为"路径"，在背带空白处的顶部单击鼠标左键添加锚点，向下拖曳鼠标指针并沿着女包背带空白处的轮廓继续创建锚点，直至回到起点处完成路径的添加，如图2-53所示。

图2-52   图2-53

步骤 06 添加选区。保持选择"钢笔工具" 的状态，在工具属性栏中单击 选区... 按钮，打开"建立选区"对话框，设置羽化半径为"1"像素，单击选中"添加到选区（A）"选项，单击 确定 按钮，如图2-54所示。

步骤 07 添加其他选区。使用相同的方法，使用"钢笔工具" 为背带右侧空白处创建锚点，在工具属性栏中单击 选区... 按钮，打开"建立选区"对话框，设置羽化半径为"1"像素，单击选中"添加到选区（A）"选项，单击 确定 按钮，完成选区的添加，效果如图2-55所示。

📢 **设计经验**

使用"钢笔工具" 创建锚点，按住【Ctrl】键，移动路径上的锚点可调整线条位置，选中锚点后拖动控制柄可调整曲线的弧度；释放【Ctrl】键，在路径上单击鼠标右键可添加锚点，在已有锚点上单击鼠标左键可删除该锚点；按住【Alt】键，在锚点上单击鼠标左键可使其在平滑点与角点之间转换。

步骤 08 添加未选择部分。观察添加的选区可发现女包还存在未被选中的部分，此时可选择"套索工具" ，在工具属性栏中单击"从选区减去"按钮 ，在女包右侧底部拖动添加选区，减去超出部分，如图2-56所示。

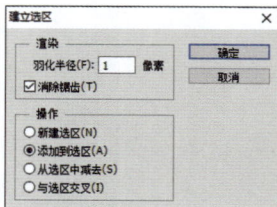

图2-54   图2-55   图2-56

步骤 09 创建女包手提部分选区。使用"钢笔工具" 为女包手提部分创建锚点，在工具属性栏中单击 选区... 按钮，打开"建立选区"对话框，设置羽化半径为"1"像素，单击选中"添加到选区（A）"选项，单击 确定 按钮，完成选区的创建，按

【Shift+Ctrl+I】组合键，反向选择女包，效果如图2-57所示。

步骤10 羽化选区。完成创建女包选区，为了使创建的选区更加平滑，网店美工还需要羽化半径。按【Shift+F6】组合键，在打开的对话框中设置羽化半径为"1"像素，单击 ▣确定 按钮，如图2-58所示。

步骤11 更换背景。打开"女包背景.jpg"素材文件（配套资源:\素材文件\项目二\女包背景.jpg），切回"女包.jpg"素材文件中，选择"移动工具" ▶︎，拖曳选区到"女包背景.jpg"素材文件中，接着按【Ctrl+T】组合键进入自由变换状态，再按住【Shift】键并同时向左下方拖曳界面框右上角的控制点，等比例调整图片，最后将女包移动到背景的合适位置，按【Enter】键退出自由变换状态，如图2-59所示。

步骤12 绘制投影。在女包图层的下方新建图层，设置前景色为"#272625"，使用"画笔工具" ✎ 在下方区域涂抹绘制投影，然后设置该图层的不透明度为"50%"，效果如图2-60所示。

图2-57   图2-58   图2-59   图2-60

步骤13 保存文件。完成后按【Ctrl+S】组合键保存文件（配套资源:\效果文件\项目二\女包.psd）。

三、【课堂案例】——抠取婚纱商品图片

某婚纱品牌旗舰店准备上新一款婚纱，但是拍摄的婚纱商品图片背景较单一，需要为其更换背景。抠取该婚纱商品图片时，可先抠取人物轮廓，然后使用通道抠取婚纱部分，其具体操作步骤如下。

步骤01 复制背景图层。打开"婚纱.jpg"素材文件（配套资源:\素材文件\项目二\婚纱.jpg），按【Ctrl+J】组合键复制背景图层，得到"图层1"图层，如图2-61所示。

步骤02 绘制并储存路径。选择"钢笔工具" ✎，设置工具模式为"路径"，沿着人物轮廓绘制路径，注意绘制的路径不包括半透明的婚纱部分。打开"路径"面板，双击路径打开"存储路径"对话框，设置路径名称为"路径1"，单击 ▣确定 按钮，效果如图2-62所示。

扫一扫

【课堂案例】——抠取婚纱商品图片

📢 **设计经验**

在使用通道抠图时，可分别查看每个通道的对比效果，选择对比较明显的通道进行后续操作。在通道内抠取背景时，除了能使用钢笔工具，还可直接使用画笔工具进行涂抹，涂抹人物部分时，若想抠取得更精确一些，可以将画笔缩小再进行涂抹。

图2-61

图2-62

步骤 03 将选区储存为通道。按【Ctrl+Enter】组合键，将绘制的路径转换为选区，单击"通道"面板中的"将选区储存为通道"按钮 ▣，创建"Alpha 1"通道，选区自动填充为白色，如图2-63所示。

步骤 04 复制"蓝"通道并填充背景选区为黑色。复制黑白对比更鲜明的"蓝"通道，得到"蓝副本"通道。选择该通道，使用"钢笔工具" 🖋 创建背景路径，按【Ctrl+Enter】组合键将路径转化为选区，再将选区填充为黑色，按【Ctrl+D】组合键取消选区，如图2-64所示。

图2-63   图2-64

步骤 05 计算通道。选择【图像】/【计算】命令，打开"计算"对话框，设置源2通道为"Alpha1"，设置混合为"相加"，单击 确定 按钮，如图2-65所示。

步骤 06 载入通道的人物选区。查看计算通道后的效果，再在"通道"面板底部单击"将通道作为选区载入"按钮 ◯，载入通道的人物选区，如图2-66所示。

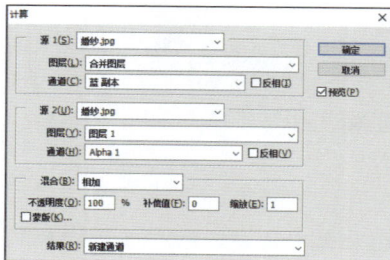

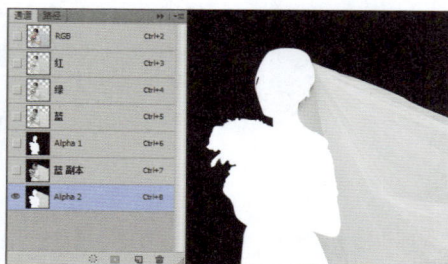

图2-65   图2-66

步骤 07 查看抠取效果。切换到"图层"面板，选择"图层1"，按【Ctrl+J】组合键复制选区到图层2上，隐藏其他图层，查看抠取的婚纱效果，如图2-67所示。

步骤 08 查看完成后的效果。打开"婚纱背景.jpg"素材文件（配套资源:\素材文件\项目二\婚纱背景.jpg），切换到"婚纱.jpg"文件中，将抠取好的图片拖曳到"婚纱背景.jpg"素材文件中，调整其大小与位置，保存文件，查看完成后的效果，如图2-68所示（配套资源:\效果文件\项目二\婚纱.psd）。

图2-67　　　　　　　　　　　　　　　　图2-68

课堂练习：制作保温壶宣传海报

扫一扫

素材文件：项目二\保温壶.png、保温壶背景.jpg

效果文件：项目二\保温壶宣传海报.psd

重点指数：★★★

微课视频

操作思路

观看素材可发现，素材背景较复杂，商品与桌布颜色相近，并且存在阴影区域，为了便于完整抠取保温壶商品图片，网店美工可使用钢笔工具和套索工具来完成。

操作提示

打开背景素材；使用钢笔工具抠取保温壶的轮廓；然后使用套索工具抠取其他未被抠取部分；替换背景，抠取前和替换背景后的对比效果如图2-69所示。

图2-69

任务五 丰富商品图片内容

网店美工除了需要处理商品图片本身的问题，还可以为商品图片添加描述性文字，说明商品卖点，再增加形状和图案凸显文字，也可通过合成商品图片的方式使商品图片的展现更加完整。

一、添加与设置文字

网店美工可以使用Photoshop中的文字工具为商品图片添加文字，还可以根据需要设置文字效果。其方法为：选择文字工具组中的工具，包括"横排文字工具" 【T】、"直排文字工具" 【IT】、"横排文字蒙版工具" 【T】、"直排文字蒙版工具" 【T】，在图像编辑区中单击鼠标左键，此时将出现文本插入点，选择输入的文字，可在工具属性栏或是"字符"面板中调整文字的字体、字号、颜色与倾斜等效果，如图2-70所示。

图2-70

素养课堂：符合法律法规，增强职业素养

为了规范管理网店和商品，为消费者带来良好的浏览体验，各大电商平台针对网店视觉设计的内容制定了一系列规定，网店美工在进行设计前，应先了解电商平台的相关规定和与广告相关的法律法规，以免为商品图片添加文字时出现政治、敏感问题。

二、添加形状与图案

网店美工可以在商品图片中添加各种形状和图案，以丰富图片内容，这些形状和图案可以在素材网上下载，也可自行绘制。网店美工添加形状和图案的方法有以下几种。

（1）通过形状工具组绘制形状与图案。选择形状工具组中前5种工具可以绘制一些几何形状，如椭圆形、圆角矩形、多边形等；选择自定形状工具，可绘制Photoshop提供的形状，如图2-71所示。

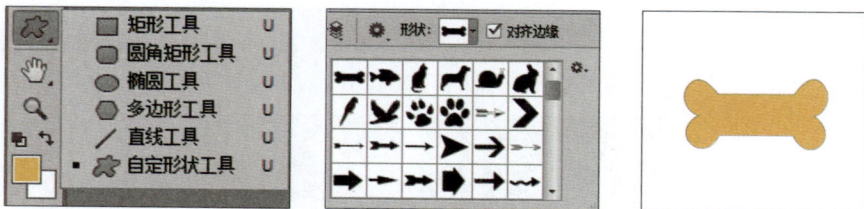

图2-71

（2）通过钢笔工具绘制形状与图案。选择"钢笔工具" 【 】，在工具属性栏中设置工具模式为"形状"，设置填充与描边，通过创建锚点可以绘制出轮廓清晰的形状与图案，如图2-72所示。

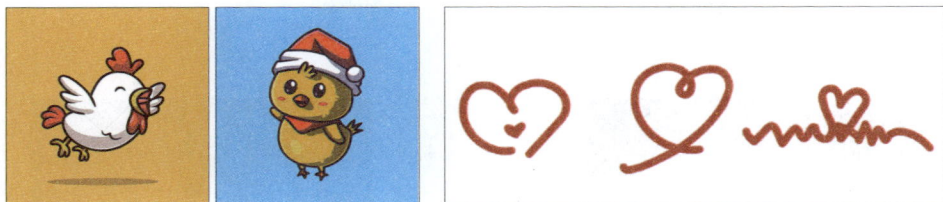

图2-72

（3）应用下载的形状与图案。在素材网上下载PSD格式或PNG格式的素材，然后打开素材并将其拖动到商品图片中，调整其大小与位置。网店美工在使用时需注意版权问题。

三、合成商品图片

在Photoshop中，网店美工若需要将商品运用到其他背景中使其形成新的效果，可通过合成商品图片来完成，而合成商品图片可通过蒙版和图层混合模式两种功能来完成。

（1）蒙版。蒙版可以看作浮在图层之上的一块挡板，它本身不包含图片数据，只是对图层的部分数据起到遮挡作用，当操作处理图层时，被遮挡的数据将不会受影响。使用蒙版不但能避免网店美工在使用橡皮擦工具时造成误操作，还可使用滤镜，从而制作出一些让人惊奇的效果。蒙版包括快速蒙版、剪贴蒙版、矢量蒙版、图层蒙版4种类型，其中最常用的蒙版为图层蒙版，其创建方法为：选择图层，单击"添加图层蒙版"按钮 ，可以为该图层添加蒙版，设置前景色为黑色、背景色为白色，然后使用"画笔工具" 绘制，绘制的区域为蒙版区域，并且该区域的内容被隐藏，如图2-73所示。

图2-73

（2）图层混合模式。其是指将所选图层的图像与下方的图层的图片进行混合，得到另外一种图片效果的功能。由于图层混合模式是控制当前图层与下方所有图层的融合效果，所以必然有3种色彩存在，位于下方图层中的色彩为基础色，位于上方图层中的色彩为混合色，它们重合部分中的色彩为结果色，如图2-74所示。Photoshop预设提供了27种图层混合模式，默认模式为"正常"，按照效果可分为6组，每组内的混合模式都可以产生相似的效果或是有着近似的用途，组与组之间用划线分隔。其使用方法为：选择要添加图层混合模式的图层，在面板顶部的右侧的 正常 下

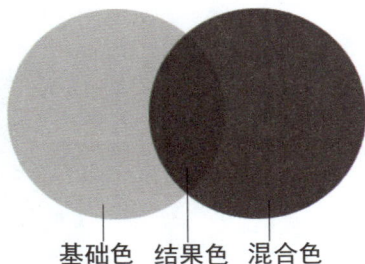

基础色　结果色　混合色

图2-74

拉列表中选择需要的图层混合模式选项，如选择"线性减淡（添加）"选项，此时可发现图片的颜色已发生变化，如图2-75所示。

图2-75

↘ 四、【课堂案例】——制作投影灯海报

某数码网店需要为上新的投影灯制作海报，要求在提供的背景中添加文字，以方便消费者了解商品，还可适当美化文字，提高其美观度，其具体操作步骤如下。

步骤01 打开素材。打开"投影灯海报.jpg"素材文件（配套资源：素材文件\项目二\投影灯海报.jpg），如图2-76所示。

步骤02 输入文字。选择"横排文字工具" T，在海报的左侧单击鼠标左键定位文本插入点，输入图2-77所示的文字，按【Ctrl+Enter】组合键完成输入。

图2-76

图2-77

步骤03 设置字体和文字的大小。选择"PROJECTION LAMP"文字，在工具属性栏中设置字体为"Euphemia"，文字大小为"25点"，如图2-78所示。

步骤04 使用"字符"面板设置字体。选择"梦幻投影灯"文字，选择【窗口】/【字符】命令，打开"字符"面板，在"字体"下拉列表中选择"方正大黑简体"选项，设置文字大小为"48点"，字距为"0"，单击"仿粗体"按钮 T，使文字加粗显示，如图2-79所示。

图2-78

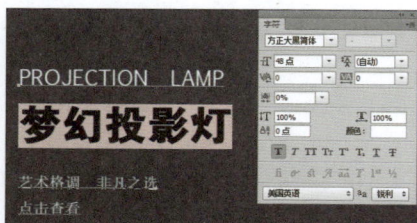

图2-79

步骤 05 设置"艺术格调　非凡之选"字体。选择"艺术格调　非凡之选"文字，在"字符"面板中设置字体为"思源黑体 CN"，文字大小为"24点"，行距为"48点"，如图2-80所示。

步骤 06 设置"点击查看"字体。选择"点击查看"文字，在"字符"面板中设置字体为"思源黑体 CN"，文字大小为"24 点"，行距为"72 点"，字距为"75"，如图2-81所示。

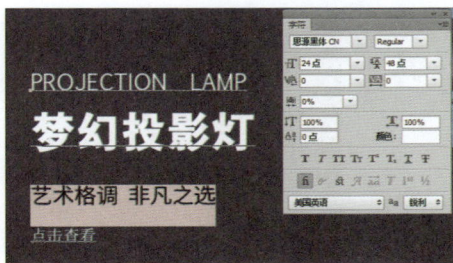

图2-80

图2-81

步骤 07 绘制圆角矩形。选择"圆角矩形工具"　，在工具属性栏中设置填充颜色为"#448aca"，半径为"20像素"，然后在"点击查看"文字下方绘制一个大小为"180像素×50像素"的圆角矩形，然后调整文字与圆角矩形的位置，效果如图2-82所示。

图2-82

步骤 08 保存文件。按【Ctrl+S】组合键保存文件（配套资源：效果文件\项目二\投影灯海报.psd）。

↘ 五、【课堂案例】——合成端午节海报

随着端午节的到来，某食品网店准备为粽子商品制作海报用于宣传传统美食，在制作海报时可将多个素材或是场景合成到一张图片中，使整个海报背景更加美观，然后输入文字等信息，提升海报的整体视觉效果，其具体操作步骤如下。

步骤 01 新建图像文件。新建名称为"端午节海报"、大小为"1920像素×900像素"的图像文件。

步骤 02 添加背景素材。设置前景色为"#004139"，按【Alt+Delete】组合键填充前景色，打开"粽子背景.jpg"素材文件

【课堂案例】——合成
端午节海报

43

（配套资源:\素材文件\项目二\粽子背景.jpg），将其拖曳到"端午节海报.psd"图像文件的图像编辑区中，调整图片的大小和位置，如图2-83所示。

步骤 03 设置渐隐效果。打开"图层"面板，在"图层1"图层上单击"添加图层蒙版"按钮 ▣，新建蒙版图层，然后设置前景色为"#000000"，然后选择"画笔工具" ✒，在工具属性栏中设置画笔为"柔边圆"，大小为"400"，在粽子图片的左侧进行涂抹，然后设置"图层1"的图层混合模式为"叠加"，使其形成渐隐效果，如图2-84所示。

图2-83　　　　　　　　　　　　　　　　　　图2-84

步骤 04 添加粽子素材。打开"粽子.png"素材文件（配套资源:\素材文件\项目二\粽子.png），将其拖曳到"端午节海报"文件背景的粽子素材上，使背景中的粽子素材成为新添加粽子素材的投影，然后调整素材图片的大小和位置，如图2-85所示。

步骤 05 调色并创建剪贴蒙版。选择"图层2"图层，单击"创建新的填充或调整图层"按钮 ◑，在打开的下拉列表中选择"色彩平衡"选项，打开"色彩平衡"属性面板，设置青色、洋红、黄色的值分别为"−58""+15""+1"，让粽叶看起来更新鲜，按【Ctrl+Alt+G】组合键，将"色彩平衡"图层创建为"图层2"的剪贴蒙版，如图2-86所示。

图2-85　　　　　　　　　　　　　　　　　　图2-86

步骤 06 调整偏色。选择"色彩平衡"图层，单击"图层蒙版缩览图"，设置前景色为"#000000"，在工具箱中选择"画笔工具" ✒，在粽子偏色处进行涂抹，使其恢复自然颜色，如图2-87所示。

步骤 07 添加光线素材。打开"光线.png"素材文件（配套资源:\素材文件\项目二\光线.png），将其拖曳到"端午节海报"文件粽子图片左侧，调整该图片的大小和位置。

步骤 08 创建图层蒙版。选择光线素材图片所在的图层，单击"添加图层蒙版"按钮 ▣，设置前景色为"#000000"，选择"画笔工具" ✒，在光线右侧进行涂抹，使其与背景颜色过渡自然，效果如图2-88所示。

图2-87

图2-88

步骤 09 添加小物件素材。打开"小物件.psd"素材文件（配套资源:\素材文件\项目二\小物件.psd），将其中的素材依次拖曳到"端午节海报"中，并调整其位置和大小，如图2-89所示。

步骤 10 输入文字并调整大小和位置。选择"横排文字工具" T，打开"字符"面板，设置字体为"汉仪雪君体简"，字体颜色为"#ffffff"，分别输入图2-90所示的4个文字，并调整文字的大小和位置。

图2-89

图2-90

步骤 11 设置渐变叠加。在"图层"面板中双击"四"图层空白处，打开"图层样式"对话框，单击选中"渐变叠加"复选框，分别设置不透明度、渐变为"100%""#ff9f09~#f7d97b"，如图2-91所示。

步骤 12 设置投影。单击选中"投影"复选框，分别设置颜色、不透明度、角度、距离、扩展、大小为"#020202""11%""84度""21像素""9%""5像素"，单击 确定 按钮，如图2-92所示。

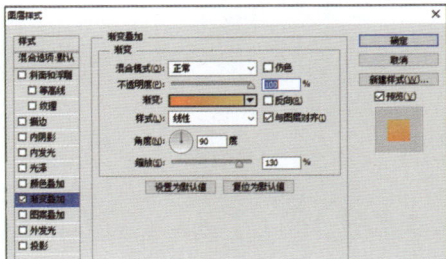

图2-91

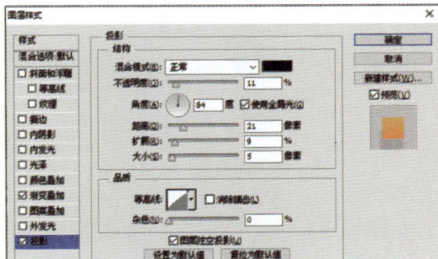

图2-92

步骤 13 粘贴图层样式。选择"四"图层单击鼠标右键，在弹出的快捷菜单中选择【拷贝图层样式】命令，然后选择"溢"图层单击鼠标右键，在弹出的快捷菜单中选择【粘贴图层样式】命令，粘贴图层样式，效果如图2-93所示。

步骤 14 输入文字。选择"椭圆工具" ◯，设置填充颜色为"#9f0902"，描边颜色为"#fcb737"，描边大小为"1像素"，在文字的左侧绘制4个大小为"60像素×60像素"的正圆。选择"横排文字工具" T，设置字体为"思源黑体 CN"，输入"端午献礼"，调整文字的大小和位置，设置字体颜色为"#ffffff"；输入"弘扬传统美食"，并设置字体颜色为"#f7cc9b"，效果如图2-94所示。

步骤 15 查看完成后的效果。保存文件并查看完成后的效果（配套资源:\效果文件\项目二\端午节海报.psd）。

图2-93

图2-94

素养课堂：弘扬传统文化，增强文化底蕴

　　端午节又称端阳节、龙舟节、重午节和天中节等，是集拜神祭祖、祈福辟邪、欢庆娱乐和饮食为一体的民俗大节。其风俗活动主要有赛龙舟、挂艾草、放纸鸢、拴五色丝线和吃粽子等。在设计与端午节相关的商品图片和网店页面时，可将这些民俗元素运用其中，更好地与节日相结合。

课堂练习：制作旅行包促销图

扫一扫

素材文件：项目二\旅行包.jpg、云朵.psd、登山背景.jpg

效果文件：项目二\旅行包促销图.psd

重点指数：★★★

微课视频

操作思路

　　观看原图，可以看出该图片曝光不足，需要进行优化处理。处理完成后制作促销图，制作时要体现"销量高——单月卖出3000个；价格优惠——亏本促销，89.9元包邮"等商品特征。

操作提示

　　打开旅行包素材；调整旅行包色调，还原旅行包真实效果；打开背景素材，添加云朵素材，并调整素材的位置和大小；抠取旅行包图片并将其添加到背景素材中；绘制形状，方便后期展示文字；输入优惠信息，方便了解活动内容，参看效果如图2-95所示。

图2-95

思考与练习

一、单选题

1. 下面的命令中，可调整商品图片大小的命令是（　　　）。
   A.【亮度/对比度】命令　　　　　　B.【图像大小】命令
   C.【裁剪】命令　　　　　　　　　　D.【对比度】命令
2. 下面的命令中，调整图片的亮度和对比度的是（　　　）。
   A.【亮度/对比度】命令　　　　　　B.【曲线】命令
   C.【变化】命令　　　　　　　　　　D.【模糊】命令
3. 在使用图案图章工具过程中，按住（　　　）可确定取样点。
   A.【Alt】键　　　　　　　　　　　B.【Ctrl】键
   C.【Shift】键　　　　　　　　　　D.【Alt+Shift】组合键
4. 在Photoshop中，调整文字大小的面板是（　　　）。
   A. 字符　　　　　　　　　　　　　B. 曲线
   C. 图片大小　　　　　　　　　　　D. 以上都不是

二、填空题

1. 钢笔工具绘制的线叫作_____。
2. _____栏用于显示图片的像素大小。
3. _____是指将所选图层与下方图层的图片进行混合，得到另外一种图片效果。

三、简答题

1. 添加图案、形状、文字的常用方法有哪些？
2. 如何将多个素材合成为一个素材？
3. 简述添加与设置文字的方法。

四、实训题

1. 某新品女鞋需要上新，但由于拍摄的商品图片（配套资源：素材文件\项目二\女鞋.jpg）偏暗不能直接使用，要求对拍摄的商品图片颜色进行调整，提升商品图片美观度，完成前后的效果如图2-96所示（配套资源：效果文件\项目二\女鞋.psd）。

图2-96

2.　随着中秋佳节的到来，某店铺准备制作促销海报以提升店铺流量，要求使用提供的月饼素材文件（配套资源：素材文件\项目二\月饼.jpg、月饼背景.psd），效果不但要美观，还要具有中秋氛围，制作后效果如图2-97所示（配套资源：效果文件\项目二\月饼海报.psd）。

图2-97

项目三

设计与制作推广图

内容导读

　　推广图是为增加商品点击量与浏览量，吸引消费者点击查看商品信息而设计与制作的图片，其最终目的是引导消费者进一步了解商品或店铺，从而提高商品销量。淘宝中的推广图主要有搜索页中的商品主图和直通车图、首页中的引力魔方推广图等，每种推广图都有自己的设计要求与制作方法，网店美工应按要求进行设计与制作。

知识目标

- 掌握商品主图的制作要求和设计技巧。
- 掌握直通车图的投放策略、设计原则和制作方法。
- 掌握引力魔方推广图的投放位置、设计要点和制作方法。

技能目标

- 完成数据线商品主图的制作。
- 完成榨汁机直通车图的制作。
- 完成水果引力魔方推广图的制作。

素养目标

- 培养对各类推广图的创新设计能力。
- 培养依据商品特点，运用合适风格设计推广图的能力。

任务一　商品主图的设计与制作

商品主图是影响消费者进一步了解商品的关键因素。网店美工在设计商品主图前，需要先了解商品主图的制作要求和技巧，然后再进行设计与制作。

一、商品主图的制作要求

商品主图数量为1~5张，其单张大小不能超过3MB。第1张商品主图可依据商品的卖点及特点进行设计，包括商品名称、商品外观、卖点和价格等重要信息，网店美工在制作商品主图时可将重要信息体现出来，以促进商品销售。在淘宝中，对于尺寸在700像素×700像素以上的图片，商品购买页会有图片放大功能，当消费者将鼠标指针移至商品主图上时即可放大查看该商品主图，从而浏览商品的细节。由于京东、当当等电商平台的商品主图尺寸都是800像素×800像素，为了方便在其他平台发布商品主图时不重新制作商品主图，一般将商品主图的尺寸统一为该规格。除此之外，建议第5张商品主图为白底图。

除了800像素×800像素的商品主图尺寸，若需要发布3∶4比例的商品主图视频，则还需要制作尺寸为800像素×1200像素的竖版商品主图，用于在移动端的搜索页和商品详情页中展示。

图3-1所示为某电饭煲的商品主图，其中第1张商品主图将电饭煲立体加热、3L精致容量、24h智能预约、精钢厚釜内胆等卖点体现出来，也对折扣金额、满减优惠等进行展现；而其他商品主图主要用于描述商品的细节，如电饭煲的外观、多平台控制等。除此之外，将鼠标指针移动到每张商品主图的上方，还可查看放大后的细节。

可展现的主图　　主图放大镜功能

图3-1

商品主图是影响商品销量的重要因素，为了保证商品主图具有吸引力，网店美工往往会根据商品的特点进行商品主图设计，得到原创作品。原创作品是体现网店美工设计素养与设计能力的重要因素，但目前网络上盗窃他人作品的情况屡见不鲜，因此，网店美工为了保障制作的效果不被盗用，可对原创作品申请原创保护，以淘宝为例，网店美工可登录阿里巴巴原创保护页面，单击"我要入驻"选项卡，在"首发创意保护"栏中单击　　按钮，在打开的页面中填写商家入驻申请，完成申请后，返回阿里巴巴原创保护页面，单击"原创保护"选项卡，选择图片申请存证即可。

> **素养课堂：坚持原创很重要**
>
> 网店美工可通过两个方面提升作品的原创性。一是提升自我设计能力。多看、多想、多交流、多做，通过不断地学习与练习，提升个人的设计能力，从而厚积薄发，由量变到质变。二是寻找设计灵感。在设计网站（如微博、花瓣网、UI中国等）中寻找灵感，或浏览淘宝中同类商品的效果，从中寻找灵感后，将灵感融入作品。

↘ 二、制作优质商品主图的技巧

网店美工如果想要制作出高点击率的商品主图，为商品销售提供帮助，就需要掌握商品主图设计的技巧。

（1）合理、清晰地展示商品。第一，商品主图中的商品要大小适中，并且形态能体现商品特征，如材质、纹理等，以帮助消费者了解商品；第二，商品图片必须是清晰的商品实物照片，且与商品实物相符，尽可能不出现色彩与造型上的偏差，避免引起售后纠纷，影响商品的销售与店铺的运营。

（2）突显商品卖点。卖点是指商品与众不同的特色、特点，能够吸引消费者的亮点，既可以是商品的款式、材质、功能，也可以是商品的优惠价格等。卖点要清晰有创意，不宜太多，要直击要害，让消费者粗略一看就能快速明白商品的优势，这样才会让商品从众多同类商品中脱颖而出，图3-2所示的商品主图直观地展示了榨汁机35秒鲜榨、口感细腻、全身可水洗等卖点。

（3）体现促销信息。大多数消费者都喜欢购买物美价廉的商品，在商品主图中体现出促销信息，如活动价、折扣价等，可以快速吸引消费者浏览商品，提升商品的点击率。促销信息要简短清晰，不能混乱、喧宾夺主，如图3-3所示。

（4）背景的选择要符合商品特质。选择商品背景时要符合商品特质，如家用电器可选择与电器相同色调的图片作为背景，若商品颜色较为单一，可继续以纯色图片作为商品主图背景。设计时，网店美工要注意画面简洁，切忌使用过于复杂的背景，否则会分散消费者的注意力，图3-4所示的商品主图画面以粉色背景映衬白色耳机，简洁大方，搭配耳机的说明性文字，凸显耳机格调。

图3-2

图3-3

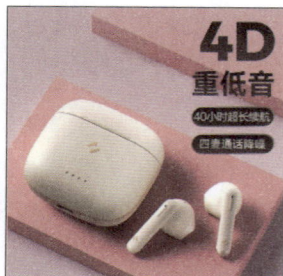
图3-4

三、【课堂案例】——制作数据线商品主图

某网店准备上新一款数据线，为了展示数据线特点，吸引消费者点击商品主图，了解数据线的详细信息，需要制作数据线商品主图。要求画面简洁，体现出数据线充电速度快、发货快、包装可降解等卖点，并添加品牌标志，在展示品牌形象的同时保护商品图片的原创性，避免商品图片被盗用，具体操作步骤如下。

【课堂案例】——制作数据线商品主图

步骤 01 新建文件。新建大小为"800像素×800像素"、分辨率为"72像素/英寸"、颜色模式为"RGB颜色"、名称为"数据线商品主图"的文件。

步骤 02 设置渐变颜色。选择"渐变工具" ，在工具属性栏中单击渐变色条，打开"渐变编辑器"对话框，分别设置颜色色标值为"#35608d""#1f4a75"，单击 确定 按钮，如图3-5所示。

步骤 03 填充渐变背景。从下往上拖曳鼠标指针，填充渐变背景，如图3-6所示。

步骤 04 添加数据线素材。将"数据线.png"素材文件（配套资源：\素材文件\项目三\数据线商品主图.png）添加到"数据线商品主图"文件中，调整数据线的位置和大小，如图3-7所示。

图3-5

图3-6

图3-7

步骤 05 添加投影效果。在"图层"面板中双击数据线图层右侧的空白区域，打开"图层样式"对话框，在左侧列表中单击选中"投影"复选框，在其右侧设置参数如图3-8所示，颜色为"#060001"，最后单击 确定 按钮，效果如图3-9所示。

步骤 06 绘制矩形并输入文字。选择"矩形工具" ，在工具属性栏中设置填充颜色为"#478ccb"，在商品主图的左上方绘制大小为"240像素×80像素"的矩形。选择"横排文字工具" ，设置字体为"方正粗雅宋简体"，文字大小为"50点"，字体颜色为"#ffffff"，在矩形中输入"鸿禧数码"，效果如图3-10所示。

图3-8

图3-9

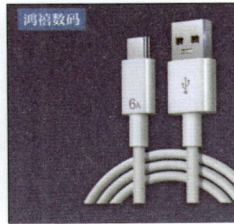

图3-10

步骤 07 输入商品信息。选择"横排文字工具" **T**，设置字体为"思源黑体 CN"，字体颜色为"#ffffff"，输入"66W""手机快充"，然后调整文字的大小和位置，如图3-11所示。

步骤 08 绘制圆角矩形并输入文字。选择"圆角矩形工具" ▢，在工具属性栏中设置半径为"30像素"，然后在填充栏中单击"渐变"按钮▣，设置颜色色标值分别为"#f9f2c0""#f5ef65"，旋转渐变为"-45"，在"手机快充"文字下方绘制大小为"250像素×60像素"的圆角矩形。选择"横排文字工具" **T**，设置字体为"思源黑体 CN"，文字大小为"40点"，字体颜色为"#000000"，在圆角矩形中输入文字，如图3-12所示。

步骤 09 绘制正圆。选择"椭圆工具" ▢，在工具属性栏中的描边栏中单击"渐变"按钮 ▣，设置颜色色标值分别为"#f9f2c0""#f5ef65"，旋转渐变为"90"，描边大小为"10点"，在圆角矩形的下方绘制大小为"190像素×190像素"的正圆，如图3-13所示。

图3-11　　　　　　　　　图3-12　　　　　　　　　图3-13

步骤 10 添加图层蒙版。在"图层"面板中，选择正圆所在图层，单击"添加图层蒙版"按钮 ▣，添加图层蒙版，然后设置前景色为"#000000"，选择"画笔工具" ✎，设置画笔大小为"20"，然后选择蒙版，使用画笔在圆的左上角进行拖曳，使其形成带渐变的缺口，效果如图3-14所示。

步骤 11 绘制三角形。选择"多边形工具" ▢，在工具属性栏中设置填充颜色为"#f6eea2"，边为"3"，在圆的缺口左下方绘制三角形，效果如图3-15所示。

步骤 12 输入文字。选择"横排文字工具" **T**，设置字体为"思源黑体 CN"，字体颜色为"#f6eea2"，在圆中输入"超99%　快速充电"，调整文字的大小和位置，如图3-16所示。

图3-14　　　　　　　　　图3-15　　　　　　　　　

图3-16

步骤⑬ 绘制矩形并添加投影效果。选择"矩形工具" ，在工具属性栏中设置填充颜色为"#2b68a2"，在商品主图的下方绘制大小为"800像素×80像素"的矩形。双击该图层右侧的空白区域，打开"图层样式"对话框，在左侧列表中单击选中"投影"复选框，在其右侧设置参数如图3-17所示，颜色为"#060001"，最后单击 **确定** 按钮，效果如图3-18所示。

步骤⑭ 绘制选区并填充渐变颜色。新建图层，选择"钢笔工具" ，绘制图3-19所示的由路径创建的选区，然后选择"渐变工具" ，设置渐变颜色为"#5a96d0""#27619a"，拖曳鼠标指针为选区添加渐变效果，取消选区。

图3-17

图3-18

图3-19

步骤⑮ 拷贝图层样式。选择下方矩形所在图层，在其上单击鼠标右键，在弹出的快捷菜单中选择【拷贝图层样式】命令，然后在绘制所得的形状上单击鼠标右键，在弹出的快捷菜单中选择【粘贴图层样式】命令，粘贴样式。

步骤⑯ 输入文字。选择"横排文字工具" ，设置字体为"思源黑体 CN"，字体颜色为"#f6eea2"，在下方矩形和左侧形状中输入图3-20所示的文字。

步骤⑰ 添加描边并查看完成后的效果。双击"可降解 环保包装"所在图层右侧的空白区域，打开"图层样式"对话框，在左侧列表中单击选中"描边"复选框，在右侧设置参数如图3-21所示，颜色为"#2c557f"，最后单击 **确定** 按钮，完成商品主图的制作，保存文件（配套资源：效果文件\项目三\数据线商品主图.psd），效果如图3-22所示。

图3-20

图3-21

图3-22

课堂练习：制作电饭煲主图

素材文件：项目三\电饭煲的主图

效果文件：项目三\电饭煲的主图.psd

重点指数：★★★★

微课视频

操作思路

该电饭煲商品主图需要体现"浓香柴火饭""5层金刚陶晶内胆"等与商品品质相关的卖点信息，并添加优惠信息，促进消费者购买。要求商品主图尺寸为800像素×800像素，使用电饭煲外观颜色土黄色为主色，整体色调统一，并搭配鲜亮的橙色和绿色突显主要信息。

操作提示

打开背景图片；绘制不同颜色和大小的矩形，在矩形上方输入卖点和活动内容文字；将"电饭煲""内胆"图片添加到文件中，调整其大小和位置；调整各个图层的位置，并添加"礼包"图片，最终参考效果如图3-23所示。

图3-23

任务二　设计与制作直通车图

直通车是淘宝平台提供的一种付费推广方式，按点击量收费，消费者点击直通车一次则扣商家一次费用。为了避免无效点击造成推广费用的增加，网店美工需要设计与制作美观且具有吸引力的直通车创意图，使消费者产生购买行为，提升直通车的推广效果。

一、直通车图的设计目的和策略

直通车图的投放目的是将商品推送给潜在消费者，为商品和店铺带来流量，以取得较为明显的营销效果，所以设计直通车图不仅要让人点击，而且要考虑转化率。

直通车图的投放策略可以是单品引流，也可以是店铺引流。单品引流侧重于传递单个商品的信息或销售诉求，以销售转化为最终目的，网店美工在设计时可将创意点定位到优惠信息展现上，以此吸引更多消费者；店铺引流侧重于宣传品牌，通过集中引流再分流的方式，实现流量的价值最大化，因此，网店美工在设计时一般会以主题促销、活动或类目专场等方式呈现创意信息。

二、直通车图的投放位置

直通车图可以投放在淘宝平台的各个地方，如搜索结果页底部的"掌柜热卖"、我的淘宝首页（猜我喜欢）、我的淘宝（已买到宝贝的底部）、我的收藏（收藏列表页底部）等。图3-24所示为"榨汁机"关键词搜索结果页底部的"掌柜热卖"，消费者点击直通车图即可进入对应的店铺或商品购买页。

设计经验

直通车图的尺寸为800像素×800像素，由于直通车图是用于商品推广的图片，可通过测试更换点击量更高的图片，如果淘宝主图恰好能够带来高点击量，那么直通车图可以和淘宝主图使用相同的图片。

图3-24

三、直通车图的设计原则

直通车图担负着为商品引流的重任，既要有很好的视觉效果，又要能介绍并宣传商品。一般情况下，网店美工在制作直通车图时应遵循以下3个原则。

（1）主题简洁精确。主题要紧扣消费者诉求，简洁精确，为了便于消费者阅读，主题文字的字数应尽量控制在8个字以内。

（2）构图合理。直通车的构图方式很多，包括中心构图、三角构图、斜角构图、黄金比例构图等。所有构图总体上要符合消费者从左至右、从上至下、先中间后两边的视觉流程，构图中的图文搭配比例要恰当，颜色搭配需和谐。应用文字时，文字的排列方式、行距、字体颜色、样式等要整齐统一，网店美工可通过改变文字大小或者颜色来清晰地呈现信息的层次。

（3）具有吸引力。网店美工要使用独特的拍摄手法、简洁的文案，或通过商品与道具的精美搭配使商品图片产生与众不同的设计效果，让商品图片从图海中脱颖而出，吸引消费者的注意力。

图3-25所示为一款手机的直通车图，该直通车图采用左右构图的方式，左侧为文字，右侧为手机图片，内容直观、简洁，并通过放大主题文字的方式，展现该手机的型号，商品主体简洁，便于识别。

图3-25

四、【课堂案例】——制作榨汁机直通车图

某榨汁机品牌准备对一款上新的榨汁机进行推广，需要制作该商品的直通车图，要求以使用榨汁机后的场景作为背景。网店美工可运用圆角矩形、自定义形状工具、矩形等装点卖点文字，提升消费者对该商品的好感度，在构图上采用左右构图的方式，左侧为卖点展示，右侧为榨汁机商品展现，整体画面简洁、内容直观，以此吸引更多消费者注意，具体操作步骤如下。

扫一扫

【课堂案例】——制作榨汁机直通车图

步骤 **01** 新建文件。新建大小为"800像素×800像素"、分辨率为"72像素/英寸"、颜色模式为"RGB颜色"、名称为"榨汁机直通车图"的文件。

步骤 **02** 添加商品图。打开"榨汁机素材.jpg"素材文件（配套资源：\素材文件\项目三\榨汁机直通车图.jpg），将其拖曳到"榨汁机直通车图"文件中，调整其大小和位置，如图3-26所示。

步骤 **03** 输入主题文字。选择"横排文字工具" **T.**，在工具属性栏中设置字体为"思源黑体 CN"，文字大小为"55点"，字体颜色为"#ffffff"，输入"无线便携　快速鲜榨"，效果如图3-27所示。

步骤 **04** 输入卖点文字。选择"圆角矩形工具" **⬜**，在工具属性栏中设置填充颜色为"#ffffff"，半径为"30像素"，然后在文字下方绘制大小为"262像素×56像素"的圆角矩形，然后按住【Alt】键不放向下拖曳复制两个圆角矩形，选择"横排文字工具" **T.**，设置字体为"思源黑体CN"，文字大小为"22点"，字体颜色为"#cf4137"，在圆角矩形上方输入图3-28所示的文字。

图3-26

图3-27

图3-28

步骤 **05** 绘制复选标记形状。选择"自定形状工具" **⬚**，在工具属性栏中设置填充颜色为"#af0417"，在"形状"下拉列表中选择"复选标记"选项，如图3-29所示，然后在圆角矩形中文字的左侧绘制选择的形状，效果如图3-30所示。

步骤 **06** 绘制矩形和圆角矩形。选择"矩形工具" **⬜**，在工具属性栏中设置填充颜色为"#8f0514"，在直通车图的下方绘制大小为"800像素×120像素"的矩形。选择"圆角矩形工具" **⬜**，在工具属性栏中设置填充颜色为"#fde1bd"，半径为"30像素"，然后在文字下方绘制大小为"470像素×50像素"的圆角矩形，如图3-31所示。

图3-29

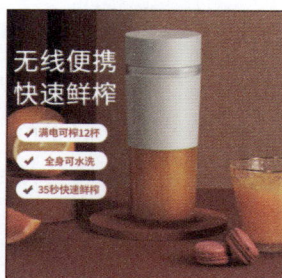

图3-30

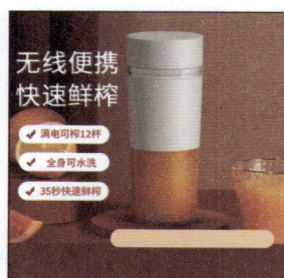

图3-31

步骤 **07** 输入右下方文字。选择"横排文字工具" **T.**，设置字体为"思源黑体CN"，在圆角矩形和矩形上方分别输入文字，然后设置"无线便携式榨汁机"的字体颜色为"#ffffff"，设置"食品级材质"的字体颜色为"#cf4137"，调整文字的大小和位置，效果如图3-32所示。

步骤 **08** 绘制矩形。选择"矩形工具" **⬜**，在工具属性栏中设置填充颜色为"#fde1bd"，在下方矩形的左侧绘制大小为"235像素×154像素"的矩形，效果如图3-33所示。

步骤 09 绘制折叠部分。新建图层，选择"钢笔工具" ![钢笔工具图标]，在矩形上方绘制折叠部分的路径，将路径创建为选区后，设置填充颜色为"#927b56"，取消选区后，将该图层调整到左侧矩形所在图层的下方，使其形成折叠效果，如图3-34所示。

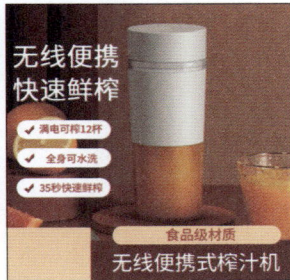

图3-32　　　　　　　　　　图3-33　　　　　　　　　　图3-34

步骤 10 输入左下方文字。选择"横排文字工具" ![文字工具图标]，在工具属性栏中设置字体为"思源黑体CN"，字体颜色为"#cf4137"，文字大小为"50点"，在矩形上方输入文字，效果如图3-35所示。

步骤 11 添加内阴影效果。双击"官方正品"文字图层右侧的空白区域，打开"图层样式"对话框，在左侧列表中单击选中"内阴影"复选框，在其右侧设置参数如图3-36所示，字体颜色为"#620706"，最后单击 确定 按钮，制作完成后保存文件（配套资源：\效果文件\项目三\榨汁机直通车图.psd），效果如图3-37所示。

图3-35　　　　　　　　　　图3-36　　　　　　　　　　图3-37

![喇叭图标] **设计经验**

若商品款式的设计感强，在制作直通车图时就需要全面展示款式，并不需要烦琐的文案，大量留白的背景、单一色彩的背景反而更能体现出商品的质感，更能吸引消费者的注意力。

素养课堂：做事认真，实事求是

直通车图主要用于商品引流，其查看人数比商品主图多，因此网店美工在设计直通车图时应认真核对卖点信息、优惠内容的准确性，避免造成信息的误导，其中的卖点信息要实事求是，不要虚假宣传，避免消费者降低对店铺的印象。

课堂练习：制作剃须刀的直通车图

素材文件：项目三 \ 剃须刀直通车图
效果文件：项目三 \ 剃须刀直通车图 .psd
重点指数：★ ★ ★

操作思路

　　该剃须刀具有可水洗和优惠的卖点，在设计时可采用水珠环绕剃须刀的方式展现剃须刀能水洗的卖点，然后通过放大的优惠信息来促销。由于剃须刀主要是男士使用，网店美工在设计直通车图时可选择深蓝色为主色，更加符合男士审美。

操作提示

　　为素材文件制作深色背景；绘制渐变矩形；输入卖点信息；调整剃须刀和水珠图像的大小和位置；最终参考效果如图3-38所示。

图3-38

任务三　设计与制作引力魔方推广图

　　引力魔方是一款在手机淘宝中用于进行商品推广和促销的全新商品，全面覆盖了消费者购买前、购买中、购买后的消费全链路，是唤醒消费者需求的重要入口。网店美工在制作引力魔方推广图前需要先了解引力魔方推广图的位置和规范，然后再进行推广图设计。

↘ 一、引力魔方推广图的位置和规范

　　引力魔方推广图的位置众多且尺寸各异，投放大类包括焦点图场景和信息流场景两种。不同位置对应的图片尺寸、消费人群、消费特征和兴趣也各不同。因此在制作引力魔方推广图时，网店美工要根据位置、尺寸等信息调整画面内容，并采取合适的表达方式进行展示。

（1）焦点图场景。焦点图场景主要指淘宝焦点图，该图位于手机淘宝首页的上方，是进入淘宝后的视觉中心。标准尺寸为800像素×1200像素、513像素×750像素，其尺寸较大，能够完全展示商品与文案，因此价格最贵，如图3-39所示。

图3-39

（2）信息流场景。信息流场景包括首页猜你喜欢（首页下方推荐板块）、购物中猜你喜欢（购物车底部）、购物后猜你喜欢（待收货底部）、红包互动权益（芭芭农场中）等。有800像素×800像素、800像素×1200像素两个尺寸。图3-40中左图为购物后猜你喜欢引力魔方推广图，中间为购物中猜你喜欢引力魔方推广图，右图为红包互动权益引力魔方推广图。

图3-40

↘ 二、引力魔方推广图的设计要点

引力魔方推广图的位置和尺寸虽然丰富，但设计的要点都是一致的，具体如下。

（1）主题突出。引力魔方推广图的主题不一定是商品图片，也可以是带有商品背景的商品文案、消费者诉求等，突出主题才能够吸引更多消费者点击。

（2）目标明确。引力魔方推广图投放的目标很多，如上新、引流，活动预热，以及品牌形象宣传等。因此在引力魔方推广图的设计制作中，网店美工首先需要明确投放目标，针对投放目标选择和设计素材，这样才能保证成品图的点击率与转化率。

（3）形式美观多样。美的东西总是令人无法抗拒的，在设计引力魔方推广图时可采用商品使用场景、单个商品展示、商品真实图片等方式，获取顾客好感，进而提高点击率。

三、【课堂案例】——制作水果引力魔方推广图

"西瓜果园"店铺需要为"麒麟"西瓜制作用于手机淘宝的焦点图，要求尺寸为800像素×1200像素，并以"麒麟瓜熟了！"为主题，吸引消费者产生浏览兴趣，然后通过"24小时速发""营养丰富 肉质细腻"文字体现卖点，其具体操作步骤如下。

步骤01 新建文件并填充。新建大小为"800像素×1200像素"、分辨率为"72像素/英寸"、名称为"西瓜引力魔方推广图"的文件，将前景色设置为"#0c0c0d"，按【Alt+Delete】组合键填充前景色。

步骤02 添加素材。打开"西瓜.jpg"素材文件（配套资源：\素材文件\项目三\水果引力魔方推广图\西瓜.jpg），将西瓜图片拖曳到"西瓜引力魔方推广图"文件中，调整西瓜图片的大小和位置，如图3-41所示。

步骤03 绘制圆角矩形。选择"圆角矩形工具" □，在工具属性栏中设置填充颜色为"#ffffff"，半径为"30像素"，然后绘制大小为"200像素×65像素"的圆角矩形。

步骤04 输入文字。选择"横排文字工具" T，在工具属性栏中设置字体为"汉仪超粗黑简"，文字大小为"35点"，设置字体颜色为"#55870a"，在圆角矩形的上方输入"西瓜果园"，然后在右侧输入"24小时速发"并修改字体颜色为"#ffffff"，如图3-42所示。

步骤05 输入主题文字。选择"横排文字工具" T，在工具属性栏中设置字体为"方正超粗黑简体"，字体颜色为"#ffffff"，输入"麒麟瓜熟了！"，调整文字的大小和位置，如图3-43所示。

图3-41　　　　　　　　图3-42　　　　　　　　图3-43

步骤06 添加内阴影效果。双击"麒麟瓜熟了！"文字图层，打开"图层样式"对话框，单击选中"内阴影"复选框，设置颜色、不透明度、距离、大小分别为"#1f0101""35%""3像素""7像素"，如图3-44所示。

步骤07 添加投影效果。继续单击选中"投影"复选框，设置颜色、不透明度、距离、

大小分别为"#920202""75%""10像素""13像素"，单击 确定 按钮，如图3-45所示。

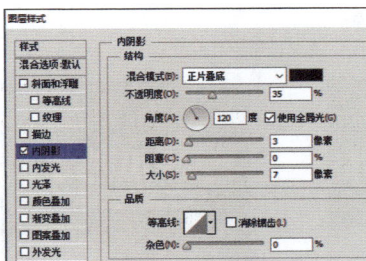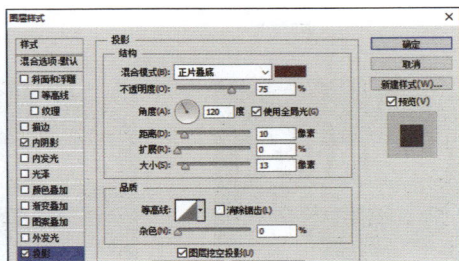

图3-44　　　　　　　　　　　　　　　　　　图3-45

步骤08 绘制圆角矩形。选择"圆角矩形工具"，在工具属性栏中设置填充颜色为"#ffffff"，半径为"30像素"，绘制大小为"370像素×60像素"的圆角矩形。再次选择"圆角矩形工具"，在工具属性栏中取消填充，设置描边颜色为"#538c01"，描边大小为"1像素"，描边选项为第2种，然后在圆角矩形的中间绘制大小为"354像素×52像素"的圆角矩形，如图3-46所示。

步骤09 输入卖点文字。选择"横排文字工具"，在工具属性栏中设置字体为"汉仪超粗黑简"，文字大小为"35点"，设置字体颜色为"#55870a"，在圆角矩形的上方输入"营养丰富　肉质细腻"并调整文字的位置，如图3-47所示。

步骤10 绘制形状。新建图层，使用"钢笔工具"在下方绘制路径，转化为选区后，设置填充颜色为"#ffdb3c"，取消选区，如图3-48所示。

图3-46　　　　　　　　　　图3-47　　　　　　　　　　图3-48

步骤11 复制形状。选择绘制形状所在的图层后，按住【Alt】键不放向下拖曳该形状复制形状，然后按住【Ctrl】键不放单击复制所得形状的图层缩略图使其呈选区状态显示，然后设置填充颜色为"#a2c462"，如图3-49所示。

步骤12 绘制左下角圆角矩形。选择"圆角矩形工具"，在工具属性栏中设置渐变颜色为"#fe1f3e""#fd556e"，渐变角度为"61度"，半径为"30像素"，然后绘制大小为"270像素×160像素"的圆角矩形，如图3-50所示。

步骤⑬ 输入优惠文字。选择"横排文字工具" **T.** ，在工具属性栏中设置字体为"方正超粗黑简"，字体颜色为"#ffffff"，在图片下方输入图3-51所示的文字，调整文字的大小和位置。完成西瓜引力魔方推广图的制作，保存文件（配套资源：\效果文件\项目三\西瓜引力魔方推广图.psd）。

图3-49

图3-50

图3-51

课堂练习：制作打底裤引力魔方推广图

扫一扫

素材文件：项目三\打底裤引力魔方推广图
效果文件：项目三\打底裤引力魔方推广图.psd
重点指数：★★★

微课视频

操作思路

　　某店铺需要对一款打底裤制作引力魔方推广图用于在手机端焦点图中引流，要求尺寸为800像素×1200像素。由于打底裤有4种颜色，为了突出打底裤可选择浅色作为背景颜色，在卖点内容上可展现商品的特点，如无痕贴合、双面磨毛等。

操作提示

　　新建文件；添加素材；为文件填充浅色背景；输入文字；绘制圆角矩形，最终效果如图3-52所示。

图3-52

思考与练习

一、单选题

1. 淘宝商品主图的尺寸通常为（　　　）。
   A. 1920像素×150像素　　　　　　　B. 950像素×150像素
   C. 800像素×800像素　　　　　　　　D. 520像素×280像素
2. （　　　）是淘宝平台提供的一种付费推广方式。
   A. 直通车　　　　　　　　　　　　　B. 店招
   C. 主图　　　　　　　　　　　　　　D. 详情页
3. 淘宝商品主图的大小要控制在（　　　）以内。
   A. 3MB　　　　　　　　　　　　　　B. 4MB
   C. 5MB　　　　　　　　　　　　　　D. 6MB
4. 引力魔方推广图的尺寸通常为（　　　）。
   A. 800像素×800像素　　　　　　　　B. 950像素×150像素
   C. 800像素×1200像素　　　　　　　　D. 520像素×280像素

二、填空题

1. _____的尺寸和商品主图的尺寸一致，其设计方法也类似于商品主图的设计方法，但更加注重视觉效果。
2. 淘宝商品主图最多可以有_____张，最少要有_____张。
3. 淘宝常用的推广方式包括_____、_____、_____。

三、简答题

1. 什么是商品主图，它的表现形式是什么？
2. 简述商品主图的设计技巧。
3. 简述什么是直通车付费推广方式。
4. 简述引力魔方推广图的位置和规范。

四、实训题

1. 某果蔬店铺准备对西红柿进行促销活动以提升销量，要求利用提供的素材（配套资源：素材文件\项目三\西红柿主图）制作一款西红柿主图。制作时要凸显西红柿味美的特点，并输入商品卖点等重要信息，完善细节，西红柿主图参考效果（配套资源：\效果文件\项目三\西红柿主图.psd）如图3-53所示。

2. 某家居店铺准备制作新品床的直通车图，要求利用提供的素材（配套资源：素材文件\项目三\床直通车图）制作，为促进销售需要在其中添加满减信息和活动价内容。制作直通车图时，可添加床的卖点，如安全环保、简约时尚等，完成后的直通车图参考效果（配套资源：\效果文件\项目三\床直通车图.psd）如图3-54所示。

3. 随着七夕节的到来，某美妆店铺准备针对七夕节在手机淘宝的焦点图场景中制作回馈活动引力魔方推广图，以提升店铺销量，要求利用提供的素材（配套资源：素材文件\项目三\口红回馈引力魔方推广图）制作口红引力魔方推广图。制作时先设计背景，然后添加素材，并输入活动信息，最后添加口红、丝带、粉底等素材，增加美观度，完成后的引力魔方推广图参考效果（配套资源：\效果文件\项目三\口红回馈引力魔方推广图.psd）如图3-55所示。

图3-53

图3-54

图3-55

项目四
设计与制作店铺首页

内容导读

　　店铺首页是网店形象的展示页面，是引导消费者、提高转化率的重要页面，其视觉效果直接影响店铺的品牌宣传和消费者的购物体验。简洁、美观的店铺首页更容易引起消费者浏览页面的兴趣，提高消费者对网店的好感度，从而增强消费者在该网店购物的欲望，因此，店铺首页的设计与制作至关重要。

知识目标

- 掌握设计与制作店招与导航的方法。
- 掌握设计与制作全屏海报的方法。
- 掌握设计与制作优惠券的方法。
- 掌握设计与制作商品推荐区的方法。

技能目标

- 能够独立完成家纺店铺店招与导航的制作。
- 能够独立完成家纺店铺全屏海报的制作。
- 能够独立完成家纺店铺优惠券的制作。
- 能够独立完成家纺店铺商品推荐区的制作。

素养目标

- 培养对店铺首页的分析与审美能力。
- 培养对店铺首页的布局与设计能力。

任务一　认识店铺首页

网店美工在进行店铺首页设计时，需要先了解店铺首页的主要功能和组成结构，并基于店铺自身的定位进行首页结构的布局，使其达到与定位相匹配的理想视觉效果。

↘ 一、店铺首页的主要功能

店铺首页的装修效果会直接影响店铺的流量，为了设计出具有吸引力的店铺首页，网店美工需要对店铺首页的主要功能进行了解，这样才能有针对性地设计出满足消费者需求的店铺首页。店铺首页的主要功能具体如下。

（1）展示商品、促进销售。店铺首页是整个店铺的门面，有着非常好的资源位置。在店铺首页中展示的商品主要是根据店铺营销目标来确定的，一般是为了突出店铺的促销信息和优惠活动，以起到很好的推广与营销效果。

（2）树立品牌形象。店铺首页可以非常直观地表达出该店铺的风格，从而树立品牌形象，给每一位消费者留下深刻的印象。

（3）引流。消费者通过导航中的商品类目进入相应的页面，也可以通过搜索的方式快速找到需要的商品，从而起到引流的目的。

↘ 二、店铺首页的组成结构

店铺首页主要由店招与导航、全屏海报、优惠活动区、商品推荐区等模块组成，每个模块的作用和使用方法都不同。图4-1所示为一个家居收纳店铺的首页设计。

（1）店招与导航。店招不但影响着消费者对店铺的第一视觉印象，也兼顾着品牌宣传的作用；导航位于店招的下方，主要展示店铺的商品类别，起到分类展现的作用。在进行店招设计时，网店美工不仅要突显店铺的特色，还要清晰地传达品牌的视觉定位；在进行导航设计时，网店美工需要将店铺中商品类目显示出来，可以方便消费者快速选择需要浏览的类目。

（2）全屏海报。全屏海报一般位于导航的下方或首页的第一屏。一般全屏海报中会展示店铺当前活动的主题、主推商品或具体优惠等信息。全屏海报需要综合色彩、版式、字体、形状等因素来营造视觉印象，它不仅要有较强的视觉影响力，还要突出卖点。

（3）优惠活动区。优惠活动区是首页的重要功能区之一，主要用于展示店铺当前的优惠活动，如优惠券、满减打折等，一般为多个活动点并列存在。

（4）商品推荐区。商品推荐区是店铺首页的主要区域之一，占据了店铺首页的大部分版面。商品推荐区的内容可根据店铺的需求进行设计，如主推商品区、热销商品区等，其设计风格应该与店铺整体风格一致。

图4-1

任务二　设计与制作店招与导航

店招与导航一般位于店铺首页的顶部，主要用于展示店铺名称、活动内容、商品分类等需要让消费者第一眼就能够了解到的信息。网店美工要想快速完成店招与导航的设计，需要先了解店招与导航的设计要求和设计要点。

一、店招与导航的设计要求

在进行店招与导航设计时，网店美工要想给更多消费者留下深刻印象需要遵循以下设计要求。

（1）展示品牌形象。网店美工在设计店招与导航时，可以通过网店名称、Logo来植入品牌形象。

（2）进行店铺定位。网店美工在设计店招与导航时，需要先对店铺进行定位，如在店招中体现店铺商品、在导航中展现店铺类目等，店铺定位能给消费者传递明确的店铺商品信息，促进该群体选购商品。

（3）进行店铺风格定位。在店铺各个页面的设计过程中，店招与导航的风格引导着整个店铺页面的风格，所以网店美工在进行店招与导航设计时应该与店铺商品本身的特点、品牌形象统一，其版式要新颖别致，注意画面简洁，具有视觉美感。

（4）符合设计规范。店招按尺寸可以分为常规店招和通栏店招两类。常规店招的尺寸多为950像素×120像素，该类店招不含导航栏，其导航需要单个添加；通栏店招的尺寸多为1920像素×150像素，其导航位于店招下方，可与店招一起设计，店招与导航的格式应设置成JPG、GIF、PNG等格式，店招与导航图片大小不能超过100KB。

图4-2所示为"品阁水果旗舰店"的店招与导航，其中店招名称体现了店铺的商品定位为"水果"，右侧放置该店铺上新商品，下方导航展示了商品类目，有利于消费者准确判断该店铺的商品类目是否符合自己的需要，并且该店招与导航的整体色调为绿色，与白色、橙色搭配，体现了商品绿色、健康、安全的特点，与水果的商品定位相符。

图4-2

↘ 二、店招与导航的设计要点

店招的设计要点主要体现在促销商品、收藏和关注、优惠券等能够直接吸引消费者的板块上，这些板块可以直接展现店铺营销活动信息，从而吸引消费者、提升其购物体验。导航的设计要点主要体现在导航内容的选择与分类上。

（1）促销商品。网店美工在店招中添加促销商品，可以让消费者在进入店铺后第一眼就能够看到该信息，从而引导消费者直接进入促销商品的页面，增加此类商品的销量。

（2）收藏和关注。收藏和关注板块在店招中也非常重要，可以方便消费者快速收藏和关注店铺，进一步提高品牌的知名度，增加店铺的回头率。

（3）优惠券。网店美工在店招中添加优惠券，可以让消费者快速看到店铺的优惠信息，提高促销活动效率，并营造活动氛围，促进商品销售。

（4）导航内容。导航的内容应该与店铺的商品内容紧密相关，需要充分展示导航与店铺商品的匹配度。

（5）导航分类。导航分类应清晰准确，使消费者得到明确的指引，方便消费者快速选择商品。

↘ 三、【课堂案例】——制作家纺店铺店招与导航

"简吉"家纺店铺是一家专注家纺的店铺，其中毛巾、一次性用品、床上用品等深受消费者喜爱，为了更好地展示热卖商品，需要对首页中的店招与导航进行重新设计。要求采用通栏店招的方式来完成，网店美工在制作时可先设计网店的品牌Logo，由于网店是家纺用品店，网店美工可以通过文字变形的方式来体现品牌形象，然后添加

扫一扫

【课堂案例】——制作家纺店铺店招与导航

热卖商品、优惠信息，最后根据商品分类制作导航条，具体操作步骤如下。

步骤 01 新建文件。启动Photoshop，新建大小为1920像素×150像素、分辨率为72像素/英寸、名称为"店招与导航"的文件。

步骤 02 创建参考线。按【Ctrl+R】组合键显示标尺，选择"矩形选框工具" ，在工具属性栏中设置样式为"固定大小"，宽度为"485像素"，在图像编辑区的左上角单击鼠标左键创建选区，从左侧的标尺上拖动参考线直到与选区右侧对齐，使用相同的方法在右侧创建参考线和选区，如图4-3所示，然后取消选区。

图4-3

📢 **设计经验**

由于每台计算机屏幕的大小不同，因此，其所显示的店招范围也不同，为了保证店招中的信息显示完整，网店美工需要在店招两侧留出485像素的宽度，建议该区域不要放置重要信息，以避免无法显示的情况发生。

步骤 03 绘制圆角矩形。为了增强网店的品牌性和识别性，在设计店招前需要先制作Logo。这里选择"圆角矩形工具" ，在工具属性栏中设置填充颜色为"#004c98"，半径为"20像素"，然后在图像的左侧沿着参考线绘制一个大小为"205像素×85像素"的圆角矩形，如图4-4所示。

步骤 04 输入文字。选择"横排文字工具" ，在工具属性栏中设置字体为"AvantGarde BK BT"，字体颜色为"#ffffff"，文字大小为"63点"，然后在矩形上方输入"jianji"，如图4-5所示。

步骤 05 绘制正圆。选择"椭圆工具" ，在"a"文字的中间绘制颜色为"#ff0000"、大小为"19像素×20像素"的正圆，然后在"i"文字的顶部绘制颜色为"#ff0000"、大小为"11像素×11像素"的正圆，如图4-6所示。

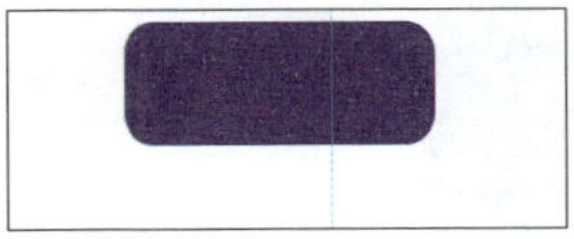

图4-4    图4-5 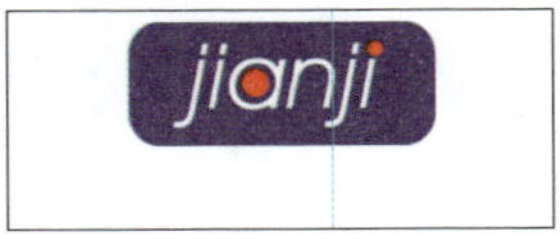   图4-6

步骤 06 输入其他文字。店招中除了有Logo，还包含网店名称、热卖商品、优惠券等内容，方便消费者快速了解该网店的信息。这里再次选择"横排文字工具" ，在工具属性栏中设置字体为"方正黑变简体"，颜色为"#000000"，然后在品牌Logo右侧输入文字，并旋转"jian ji"文字方向，然后调整文字的大小和位置，如图4-7所示。

步骤 07 绘制正圆。选择"椭圆工具" ，在"jian ji"文字的上方绘制填充颜色为"#004c98"、大小为"10像素×10像素"的正圆，如图4-8所示。

步骤 08 绘制竖线。选择"直线工具" ，在工具属性栏中设置描边颜色为"#448aca"，描边宽度为"1 像素"，然后拖动鼠标指针在文字右侧绘制一条高为"90像素"的竖线，如图4-9所示。

图4-7　　　　　　　　　　图4-8　　　　　　　　　　图4-9

步骤09 输入"浏览有好货！"。选择"横排文字工具" T ，在工具属性栏中设置字体为"方正鲁迅行书简"，字体颜色为"#000000"，文字大小为"40点"，然后在竖线的右侧输入"浏览有好货！"，如图4-10所示。

步骤10 添加素材。打开"商品图片1.png"素材文件（配套资源:\素材文件\项目四\商品图片1.png），将素材拖动到文字右侧并调整素材的大小和位置，如图4-11所示。

步骤11 输入优惠文字。选择"横排文字工具" T ，在工具属性栏中设置字体为"方正粗圆简体"，字体颜色为"#004c98"，然后输入文字，并调整文字的大小和位置，以及修改"¥"和"5"文字的字体为"方正大黑简体"，如图4-12所示。

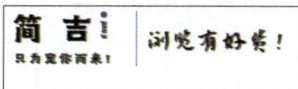

图4-10　　　　　　　　　　图4-11　　　　　　　　　　图4-12

步骤12 绘制圆角矩形并输入文字。选择"圆角矩形工具" ▢ ，在工具属性栏的"填充"下拉列表框中单击"渐变"按钮 ▣ ，设置渐变颜色为"#006dcc""#5fbb8c"，然后在"3条装"文字下方绘制大小为"110像素×22像素"的圆角矩形，然后在圆角矩形上方输入"立即购买"，如图4-13所示。

步骤13 设置渐变叠加。双击"5"图层右侧的空白区域，打开"图层样式"对话框，单击选中"渐变叠加"复选框，设置渐变颜色为"#066cd0""#5fbb8c"，单击 确定 按钮，如图4-14所示。

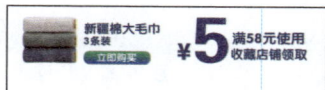
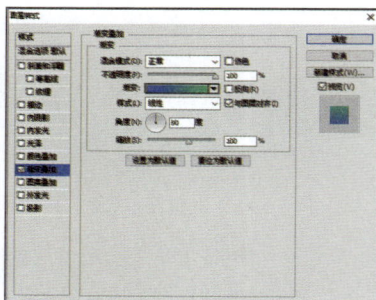

图4-13　　　　　　　　　　　　　图4-14

步骤14 粘贴图层样式。选择"5"图层，在其上单击鼠标右键，在弹出的快捷菜单中选择【拷贝图层样式】命令，然后在"¥"图层上单击鼠标右键，在弹出的快捷菜单中选择【粘贴图层样式】命令，粘贴图层样式，效果如图4-15所示。

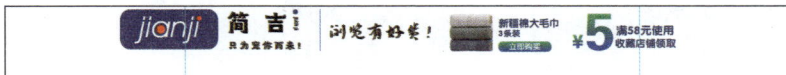

图4-15

步骤 **15** 制作导航条。选择"矩形工具" ，设置填充颜色为"#004c98"，在店招的底部绘制大小为"1920像素×30像素"的矩形，选择"横排文字工具" ，输入文字，设置字体为"思源黑体 CN"，调整文字的大小和位置，完成导航条的制作，如图 4-16 所示。

图4-16

步骤 **16** 保存图像。保存文件后，选择【文件】/【存储为】命令，打开"存储为"对话框，在"格式"下拉列表中选择"JPEG（＊.JPG；＊.JPEG；＊.JPE）"选项，单击 确定 按钮（配套资源：效果文件\项目四\店招与导航.psd、店招与导航.jpg）。

课堂练习：制作茶叶店铺店招与导航

素材文件：项目四\茶叶素材.psd、茶叶Logo.psd、茶叶素材.psd
效果文件：项目四\茶叶店铺店招与导航.psd
重点指数：★★★

扫一扫

微课视频

操作思路

为了使茶叶店铺店招与导航突出茶叶店招、热卖商品、关注收藏、广告语、搜索等内容，网店美工可将茶叶店铺店招与导航分为4个部分，左侧为Logo内容，中间部分为广告语，右侧为热卖商品，下方为导航部分，在颜色的选择上，以绿色和白色为主色，用以烘托茶叶绿色、天然的特点，网店美工在制作时可针对各个部分分别进行制作。

操作提示

新建大小为1920像素×150像素的图像文件；在左侧部分绘制Logo；在中间部分输入广告语并添加关注收藏按钮；在右侧绘制矩形并为矩形添加边框；添加商品素材并输入商品文字；在下方绘制矩形并输入导航内容，最终参考效果如图4-17所示。

图4-17

73

任务三 设计与制作全屏海报

全屏海报位于导航的下方，是整个首页中十分醒目的部分，也是首页设计中的重点，具有增加店铺人气、促进销售的特点，一般用于展示店铺活动与促销信息。

一、全屏海报的设计要点

全屏海报的宽度为1920像素，高度根据版面内容的实际情况而定，占地一般较大，要使全屏海报具有美观、吸引消费者注意力的效果，网店美工就要综合考虑全屏海报的主题、字体、构图和配色等设计要点。

（1）主题。无论全屏海报数量的多与少，全屏海报中的内容都需要围绕同一个主题，并根据主题确定对应的全屏海报效果。一般情况下，网店美工可通过商品和文字描述来体现海报主题，并将主体商品放在全屏海报的第一视觉点，让消费者直观地看到出售的商品，然后根据商品和活动的特征选择合适的背景。

（2）字体。在添加文字时，文字的字体不要超过3种，建议用稍大或个性化的字体突出海报主题和商品特征。

（3）构图。构图方式直接影响着全屏海报的视觉效果。构图方式主要有左右构图、左中右三分式构图、上下构图和斜切构图4种。

（4）配色。网店美工在配色时，对重要的文字信息需要用突出醒目的颜色进行强调，通过明暗对比以及不同颜色的搭配来确定对应的风格，但要使其背景颜色统一，并且不要使用太多的颜色，以免使画面显得杂乱。

图4-18所示为电饭煲海报，该海报采用左右构图的方式，左侧为文案，右侧为商品展示。在文案的内容上展现电饭煲的制作工艺、优惠信息等，方便消费者了解电饭煲的卖点；在字体的选择上采用了同一种字体，使画面统一；在配色上对促销信息采用了醒目的颜色进行展现，具有识别性。

图4-18

二、【课堂案例】——制作家纺店铺全屏海报

"简吉"家纺店铺需要在导航条的下方制作尺寸为1920像素×800像素的两张全屏海报。第一张全屏海报要求以新品宣传为出发点，整个全屏海报要突出显示新品信息，且要美观、简洁；第二张全屏海报要求展示商品的使用场景，其效果要简洁、直观，具体操作步骤如下。

步骤01 新建文件。启动Photoshop，新建大小为"1920像素×800像素"、分辨率为"72像素/英寸"、名称为"全屏海报1"的图像文件。

步骤02 绘制矩形。选择"矩形工具" ，设置填充颜色为"#004c98"，然后绘制大小为"1920像素×800像素"的矩形，如图4-19所示。

步骤03 添加素材。打开"云层.png"素材文件（配套资源:\素材文件\项目四\云层.png），将其拖动到全屏海报中，并调整其大小和位置，效果如图4-20所示。

图4-19　　　　　　　　　　　　　图4-20

步骤04 设置图层样式。双击云朵图层，打开"图层样式"对话框，单击选中"颜色叠加"复选框，设置叠加颜色为"#013970"，单击 确定 按钮，如图4-21所示。

步骤05 完成背景制作。返回图像编辑区，在"图层"面板中设置不透明度为"80%"，完成背景的制作，效果如图4-22所示。

图4-21　　　　　　　　　　　　　图4-22

步骤06 添加商品图片2。打开"商品图片2.png"素材文件（配套资源:\素材\项目四\商品图片2.png），将其拖动到全屏海报中，调整其大小和位置，效果如图4-23所示。

步骤07 设置投影参数。双击商品所在的图层，打开"图层样式"对话框，选中"投影"复选框，设置颜色为"#000000"，不透明度为"40%"，距离为"29像素"，大小为"35像素"，单击 确定 按钮，如图4-24所示。

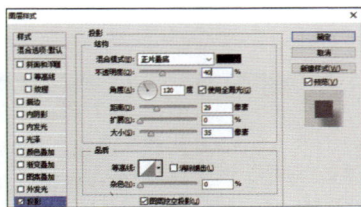

图4-23　　　　　　　　　　　　　图4-24

设计经验

　　制作全屏海报时，网店美工需要在图片的左右两侧各留宽度为360像素的空白区域，并且此区域不放置重要的商品图片与文案，避免受分辨率的影响而造成文字或是商品图片被遮挡。

步骤 08 输入文字。返回图像编辑区，选择"横排文字工具" T ，输入图4-25所示的文字，设置字体为"思源黑体CN"，调整文字的大小和位置。

步骤 09 输入其他文字。选择"横排文字工具" T ，输入图4-26所示的文字，设置字体为"方正兰亭黑简体"，调整文字的大小和位置。

图4-25　　　　　　　　　　　　　图4-26

步骤 10 绘制圆角矩形。选择"圆角矩形工具" ▢ ，设置填充颜色为"#e60012"，在"立即购买"文字图层下方绘制半径为"30像素"、大小为"260像素×60像素"的圆角矩形，如图4-27所示。

步骤 11 绘制形状。选择"自定形状工具" ✿ ，在工具属性栏中设置填充颜色为"#ffffff"，在"形状"下拉列表中选择"箭头6"选项，在"立即购买"文字右侧绘制选择的形状，如图4-28所示。

图4-27　　　　　　　　　　　　　图4-28

步骤 12 查看完成后的效果。完成后分别保存文件为PSD格式和JPG格式，效果如图4-29所示（配套资源:\效果文件\项目四\全屏海报1.psd、全屏海报1.jpg）。

步骤 13 制作第2张全屏海报。使用相同的方法，使用"全屏海报2背景.jpg"素材文件（配套资源:\素材文件\项目四\全屏海报2背景.jpg）制作第2张全屏海报，效果如图4-30所示（配套资源:\效果文件\项目四\全屏海报2.psd、全屏海报2.jpg）。

图4-29　　　　　　　　　　　　　图4-30

课堂练习：制作茶叶全屏海报

　　素材文件：项目四\白云.psd、山坡.psd、灌木.psd、云海.psd、光晕.psd、海报茶叶.psd

　　效果文件：项目四\茶叶店铺全屏海报.psd

　　重点指数：★★★

微课视频

操作思路

　　为了体现茶叶的种植环境，并将自然、健康等理念体现在全屏海报中，网店美工需要先合成背景，然后添加商品和对应的描述文字。

操作提示

　　新建图像文件，并对背景填充渐变颜色；依次添加云、山坡、灌木、云海、光晕素材，完成背景的制作；添加商品图像；输入文字并调整文字的颜色，最终参考效果如图4-31所示。

图4-31

任务四　设计与制作优惠券

　　在店铺首页中，优惠券一般位于全屏海报的下方，是商家为了吸引消费者的注意力并刺激消费者产生购买行为所采用的促销手段。

一、优惠券的设计原则

　　优惠券在首页中展示的信息有限，一般只展示优惠的价格，但一张完整的优惠券还包括很多其他的信息，这些信息只有在消费者点击领取优惠券后才会显示。网店美工在设计之前还需要了解优惠券的设计原则，避免设计出不符合需求的优惠券。

　　（1）明确优惠券的使用范围。消费者要明确优惠券使用的店铺名称，以及使用的范围（是在全店通用，还是在店内的某单品、新品或者某系列商品上使用）。优惠券通过限定消费者将要消费的对象，起到为商品引流的作用。

（2）限制优惠券的使用条件。优惠券一般是在特定条件下才能使用，如"满59元使用""满99元使用""仅××商品使用"等，限制使用条件在刺激消费者消费的同时，可较大限度地保障网店的利润空间。

（3）限制优惠券的使用时间。一般情况下，如果优惠是短期活动，应当限制优惠券的使用日期，如3天、7天等，使消费者产生机不可失的心理，从而提高消费者对优惠券的使用率。

（4）限制优惠券的使用张数。为了防止折上折的情况出现，可限制优惠券的使用张数，如"每笔订单限用一张优惠券"。

（5）保留优惠券的最终解释权。为了避免在后期活动执行时出现不必要的纠纷，可保留店铺优惠券在法律上的权利，如添加"优惠券的最终解释权归本店所有"的文字。

↘ 二、【课堂案例】——制作家纺店铺优惠券

"简吉"家纺店铺需要在全屏海报的下方制作优惠券，为了配合前面制作的店招与海报风格，在制作店铺优惠券时，其颜色将继续沿用前面店招的颜色，并罗列不同面值的优惠券，具体操作步骤如下。

步骤 01 绘制矩形。新建大小为"1920像素×500像素"、分辨率为"72像素/英寸"、名称为"优惠券"的图像文件。选择"矩形工具" ▭，设置填充颜色为"#004c98"，绘制大小为"1920像素×500像素"的矩形；设置填充颜色为"#ffffff"，然后在矩形的上方绘制大小为"1020像素×350像素"的矩形，如图4-32所示。

步骤 02 绘制圆角矩形。选择"圆角矩形工具" ▢，在工具属性栏中设置半径为"20像素"，填充颜色为"#ffffff"，描边颜色为"#004c98"，描边宽度为"1点"，在矩形中绘制大小为"180像素×220像素"的圆角矩形，如图4-33所示。

图4-32

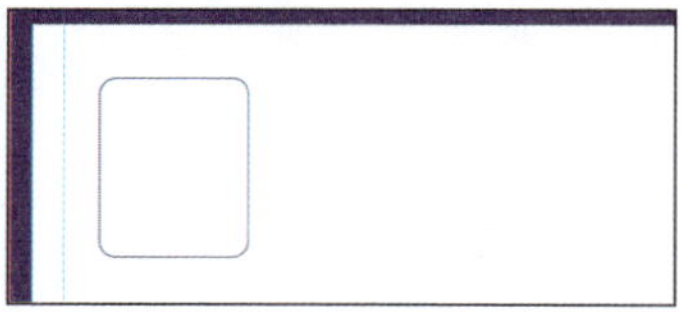

图4-33

步骤 03 输入优惠券内容。选择"横排文字工具" T，设置字体为"方正兰亭大黑简体"，设置颜色为"#ffffff"，输入顶部文字；再设置颜色为"#004c98"，输入优惠券信息文字，然后调整文字的大小和位置，如图4-34所示。

步骤 04 输入"点击使用"。选择"矩形工具" ▭，在工具属性栏中设置填充颜色为"#004c98"，在"满58元使用"文字下方绘制大小为"110像素×30像素"的矩形，使用"横排文字工具" T，在矩形中输入"点击使用"，调整文字的字体、大小和位置，如图4-35所示。

扫一扫

【课堂案例】——制作
家纺店铺优惠券

图4-34　　　　　　　　　　　　　　　　图4-35

步骤 05 复制并修改优惠券。选择所有优惠券图层，按【Ctrl+G】组合键将其创建为"组1"图层组，选择"移动工具"　，在工具属性栏中设置自动选择为"组"，按【Alt】键移动并复制组，再重复2次操作得到其他3张优惠券，然后调整各个优惠券的位置并修改券面金额与满减条件，完成后保存文件以及图片，完成优惠券的制作，最终效果如图4-36所示（配套资源:\效果文件\项目四\优惠券.psd、优惠券.jpg）。

图4-36

课堂练习：制作茶叶店铺优惠券

扫一扫

素材文件：项目四\背景素材.psd、卷轴.psd
效果文件：项目四\茶叶店铺优惠券.jpg
重点指数：★★★

微课视频

操作思路

为了体现茶叶历史悠久的特点，在设计优惠券时可运用水墨风的人物、山水作为背景，以画卷的形式展示优惠券内容，让整个优惠券更加具有历史韵味。

操作提示

新建图像文件，依次添加背景、卷轴等素材，完成背景的制作；然后依次制作不同优惠信息的优惠券，最终参考效果如图4-37所示。

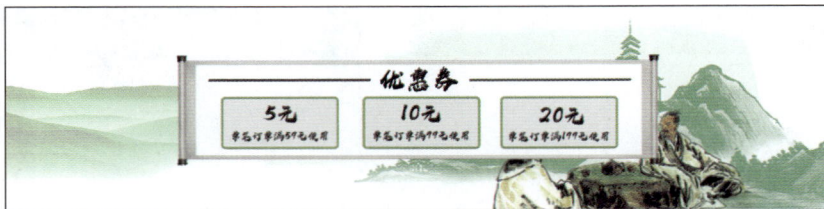

图4-37

素养课堂：弘扬茶文化，坚定文化自信

　　茶文化是我国的传统文化，在设计与传统文化相关的作品时，可以结合传统文化的发源、发展和特点等体现我国的悠久历史和文明礼仪，从而坚定文化自信，推动我国优秀传统文化的继承与不断发扬光大。

任务五　设计与制作商品推荐区

　　商品推荐区一般位于优惠券的下方，可展现主推商品和热卖商品，是店铺首页展示商品的区域，该区域具有较强的竞争力，能持续引流，并带动商品的销售。

一、商品推荐区的设计要点

　　网店美工在制作商品推荐区时，为了吸引消费者的眼球，通常需要先展示主推商品，以吸引消费者继续向下浏览，然后再展示其他商品。在展示商品的过程中，网店美工要添加商品的名称、卖点和价格等信息让消费者充分了解商品。

　　（1）商品名称。商品推荐区中的每一个商品的名称都要正确、清楚，不能过于复杂或过于简单，要体现商品的特点。可在搜索栏中尝试搜索拟定的名称，然后及时修正。

　　（2）商品卖点。商品推荐区除了展示热卖商品，还要展示卖点内容，并且其内容要突出，方便快速吸引消费者注意，从而促进销售。

　　（3）商品价格。商品价格显示效果要醒目，可使用突出的颜色或进行适当放大的方式处理，便于消费者查看。

二、【课堂案例】——制作家纺店铺商品推荐区

　　"简吉"家纺店铺在设计商品推荐区时，将其分为主推商品区和热卖区两部分进行设计，主推商品区采用单排展示的方式展现内容，而热卖区则采用6个商品连排，并分为上下双排的方式展现内容，具体操作步骤如下。

　　步骤 01 新建图像文件。新建大小为"1920像素×3730像素"、分辨率为"72像素/英寸"、名称为"商品推荐区"的图像文件。

扫一扫

【课堂案例】——制作家纺店铺商品推荐区

步骤 02 绘制矩形。选择"矩形工具" ▢ ，设置填充颜色为"#f0f3f9"，绘制3个大小为"1290像素×590像素"的矩形，如图4-38所示。

步骤 03 添加素材文件。打开"商品图片3.png、商品图片4.png、商品图片5.png"素材文件（配套资源:\素材文件\项目四\商品图片3.png、商品图片4.png、商品图片5.png），依次将素材拖动到图4-39所示的矩形上，调整素材的大小和位置，再将素材所在图层移至对应矩形图层上方，然后在其上单击鼠标右键，在弹出的快捷菜单中选择【创建剪贴蒙版】命令，将素材置入矩形中。

图4-38

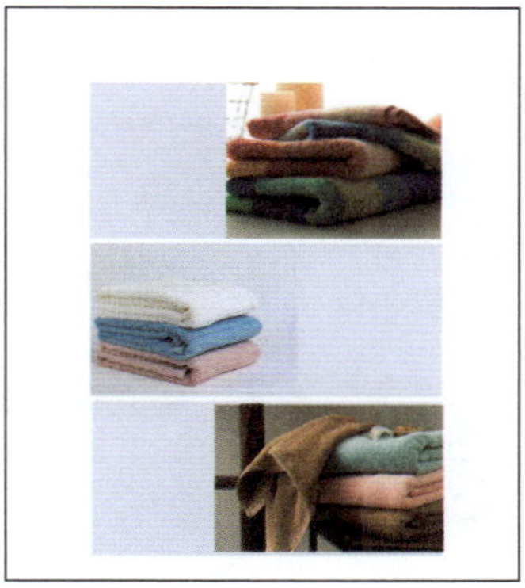

图4-39

步骤 04 输入文字。选择"横排文字工具" T ，设置字体为"方正兰亭大黑简体"，字体颜色为"#2671b9"，输入"店长推荐""Manager Recommend"，如图4-40所示。

步骤 05 输入其他文字。继续选择"横排文字工具" T ，设置字体为"方正黑体_GBK"，字体颜色为"#414143"，输入图4-41所示的文字，然后调整文字的大小和位置。

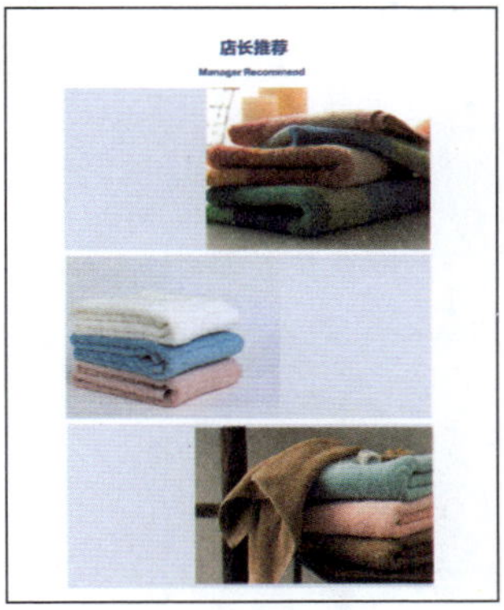

图4-40

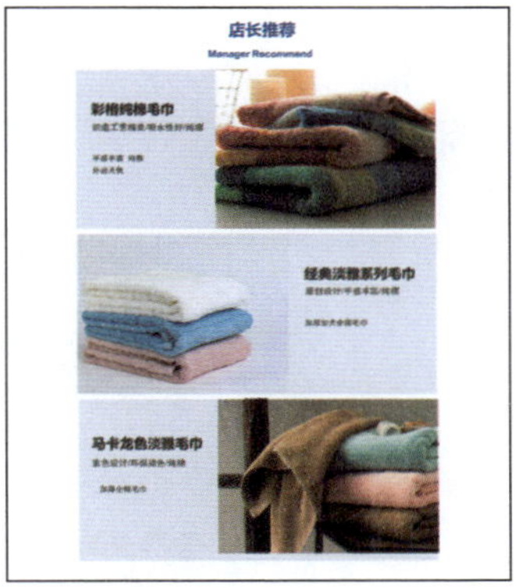

图4-41

步骤 06 在文字下方绘制矩形。选择"矩形工具" ▢ ，设置填充颜色为"#414143"，在"店长推荐"下方绘制大小为"150像素×8像素"的矩形；设置填充颜色为"#ec6941"，分别在"织造工艺精良""经典工艺""素色设计"文字下方绘制大小为"182像素×8像素、127像素×8像素、125像素×8像素"的矩形，效果如图4-42所示。

步骤 **07** 绘制圆角矩形并输入文字。选择"圆角矩形工具" ▢，设置填充颜色为"#00488f"，半径为"30像素"，绘制3个大小为"190像素×50像素"的圆角矩形。选择"横排文字工具" T，设置字体为"方正黑体_GBK"，字体颜色为"#ffffff"，在圆角矩形的上方输入"立即查看>"，调整文字的大小和位置，如图4-43所示。

图4-42

图4-43

步骤 **08** 添加素材。打开"商品图片6.png~商品图片11.png"素材文件（配套资源:\素材文件\项目四\商品图片6.png~商品图片11.png），将素材拖动到矩形下方，调整素材的大小和位置，为了避免添加的图片效果不够整齐，可适当添加辅助线，对齐图片，如图4-44所示。

步骤 **09** 输入卖点文字。选择"横排文字工具" T，设置字体为"方正兰亭大黑简体"，字体颜色为"#414143"，输入商品名称。继续选择"横排文字工具" T，设置字体为"方正黑体_GBK"，字体颜色为"#00498f"，输入商品卖点文字，然后调整文字的大小和位置，然后使用步骤07中的操作绘制圆角矩形并输入"立即查看>"。

步骤 **10** 保存图像和文件。完成后保存图像和文件，完成家纺店铺商品推荐区的制作，最终效果如图4-45所示（配套资源:\效果文件\项目四\商品推荐区.psd、商品推荐区.jpg）。

图4-44

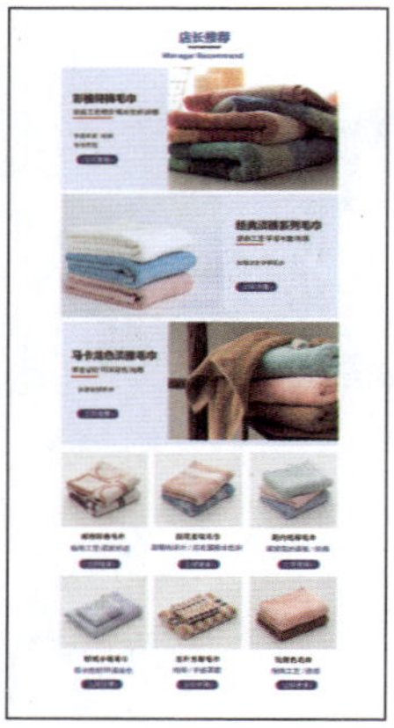

图4-45

课堂练习：制作茶叶店铺商品推荐区

素材文件：项目四 \ 商品推荐区素材
效果文件：项目四 \ 茶叶店铺商品推荐区 .psd
重点指数：★★★

操作思路

为了与前面茶叶店铺优惠券的风格相统一，在设计茶叶店铺商品推荐区时，网店美工可继续运用水墨风的人物、山水作为背景，并采用海报的方式展示主推商品，然后采用单排的方式展示热卖商品，方便消费者浏览。

操作提示

新建图像文件，制作商品推荐区背景；使用提供的素材制作主推商品海报；依次制作热卖商品；完成后的效果如图4-46所示。

图4-46

思考与练习

一、单选题

1. 在进行首页设计中，通栏店招的尺寸为（　　）。
   A. 1920像素×150像素 　　　　B. 950像素×150像素
   C. 800像素×800像素 　　　　D. 520像素×280像素

2. 全屏海报的宽度为（　　）。
   A. 1920像素 　　　　B. 950像素
   C. 750像素 　　　　D. 190像素

3. 主要展示店铺当前的优惠活动的是（　　）。
   A. 店招与导航 　　　　B. 全屏海报
   C. 优惠券 　　　　D. 商品展示区

二、填空题

1. _____一般位于店铺首页的导航下方，或首页的第一屏。

2. _____主要用于展示店铺当前的优惠活动，如优惠券、满减打折等，一般为多个活动点并列存在。

3. 全屏海报的构图方式主要有_____、_____、_____、_____。

三、简答题

1. 店铺首页的核心模块有哪些？
2. 全屏海报一般从哪些方面入手设计？
3. 简述如何进行商品推荐区的设计。

四、实训题

　　某洗衣机店铺准备开展一个新品促销活动，需要重点展示店铺的热卖商品与新品。要求根据提供的素材制作洗衣机首页（配套资源:素材文件\项目四\洗衣机素材）并查看效果（配套资源:效果文件\项目四\洗衣机店铺首页.psd）。

项目五
设计与制作其他页面

内容导读

    网店美工在设计与制作网店页面时，往往还会根据不同的活动设计页面，如针对"双11""中秋节"等活动进行活动页面的制作，也会为了提升品牌在消费者心中的形象，进行品牌页的设计与制作。

知识目标

- 掌握设计与制作活动页的方法。
- 掌握设计与制作品牌介绍页的方法。

技能目标

- 能够独立完成中秋活动页的制作。
- 能够独立完成家纺品牌介绍页的制作。

素养目标

- 提升对活动主题与目的的理解能力，以及设计活动页的能力。
- 提升对品牌形象塑造的理解能力，能够在设计页面的过程中展示品牌形象。

任务一 设计与制作活动页

活动页主要是针对某个营销主题活动来策划的页面，往往会有一个特定的营销主题，根据该主题进行营销活动。网店美工在进行活动页设计时，可根据消费者的个性化需求来补充和整合活动信息，并分模块将活动信息展现给消费者，引导消费者对商品产生兴趣，吸引消费者的注意力，从而提高网店销量。

一、活动的目的和作用

举办活动是一种商家让利的营销方式，一般通过优惠来吸引潜在消费者，特别是有购买意向但还未产生购买行为的消费者。恰当的活动很可能将他们的潜在需求转化为实际需求，使其成为店铺的真正消费者。网店美工在进行活动页设计前，需要先了解活动的目的和作用，方便后期制作的活动页能够满足活动需求，常见的活动方式有以下6种。

（1）拉新。拉新即获取新消费者，也叫引流。任何商品和品牌，只有不断拉新才能获得更多的消费者，提高商品转化率，最终实现营收。任何商品和品牌，只有不断引入新的消费者，才能持续不断地创造出更多消费者价值，店铺才能具有更大的发展性。

（2）缩短商品入市的进程。消费者都有从众心理，如果看到某商品的交易记录为"0"，即使喜欢该商品也会带有怀疑的眼光，怀疑商品的品质。但如果该商品有很多购买记录，消费者则会很容易打消顾虑。店铺的商家开展活动，可以调动消费者的购买热情，让消费者忽略疑虑购买商品。

（3）扩大品牌知名度。从商品推广的角度来看，有特色的品牌标志、品牌口号和品牌文化更容易引起消费者的注意和好感，特别是有一定影响力和口碑的品牌，消费者的忠诚度、影响力和推广能力都与普通品牌有很大的不同。因此在策划某个活动时，很多商家不以卖货或者展示商品为主要目的，而是对品牌调性、品牌故事进行设计性展示，或者针对新品、新品牌进行发布等，让被活动吸引过来的消费者对品牌产生印象和认知，从而扩大品牌知名度。

（4）提高网店销量。任何一场活动都是以提高销售量或者销售额为最终目的的，优秀的活动策划可以带来更多的消费者，也可以提高消费者的平均购买金额。

（5）保持店铺动态更新。在互联网时代，无论是技术，还是消费者喜好、流行趋势等更新换代的频率都十分快速。当消费者习惯了这种不断迭代的状态后，一成不变的店铺商品就难以使消费者保持新鲜感，无法带给他们持续的刺激和影响。店铺的商家通过不定期开展活动，可保持店铺动态的更新，有利于消费者对店铺保持兴趣与关注。

（6）清理库存。一些应季的商品，如果在当季没有售罄，可以在反季的时候通过活动的方式进行清仓处理，比如夏季卖羽绒服、冬季卖短袖等。

开展活动对店铺意义重大，对于新店铺而言，开展店铺活动可以吸引消费者进入店铺；对于老店铺而言，活动不仅可以带来新消费者，还可以维护老消费者不流失，增加店铺活力与曝光率，促进商品的销售并形成良性循环，达到良好的营销效果。

↘ 二、活动页的类型

针对不同的活动形式可以将常见的活动分成以下3种类型。

（1）营销主导型。营销主导型是以盈利销售为主、品牌宣传为辅的活动类型，一般以吸引眼球为目的挖掘潜在消费者，从而促进销量的增长。网店美工在设计该类型活动页时，可将活动内容、活动优惠、热卖商品等放于显著位置，吸引更多消费者来浏览，刺激消费者消费。图5-1所示的活动页将活动内容和活动优惠放于显著位置，使消费者一进入活动页面便可了解活动信息。

（2）传播主导型。传播主导型是以品牌宣传为主、盈利销售为辅的活动类型，其主要目的是增加商品的知名度和提高销量。网店美工在设计该类型活动页时，需更加注重品牌形象，先在视觉上给人震撼的效果，然后再进行商品的宣传。图5-2所示活动页将品牌的工艺、材料等放于显著位置，使消费者一进入活动页面便可了解品牌信息，首先加深消费者对该品牌的品牌归属感，然后再进行商品宣传。

图5-1

图5-2

（3）混合型。混合型集聚了营销主导型和传播主导型的特点，既有传播又有营销的性质，属于一举多得的类型。网店美工在设计该类型活动页时，可根据店铺的需求有偏重地确定营销比重或品牌宣传比重，从而使设计效果更加符合店铺需求。

📢 设计经验

淘宝平台可以将常见的活动分成店铺内部活动和店铺外部活动两种形式。店铺内部活动包括上新活动、品牌日、会员日或者店庆日等庆祝活动；店铺外部活动包括大促活动和平台活动，其中大促活动包括"6·18"大促、"双11"大促等，而平台活动又可分为类目（如妇女节、一年两次的家装节等）和分类（如预售）两种形式。

↘ 三、活动页的设计要点

活动页是以各种视觉表现形式展现节日促销、商品营销发布和品牌宣传推广等活动主题的页面，在设计时可从主题、色彩、细节等方面入手。

（1）主题。活动主题是一次活动的中心思想、灵魂和主旨。优质的活动主题，不仅能让消费者拍手叫绝，还能赋予活动更多的内涵与意义。在确定主题时，网店美工需要先明确活动目的，内容上要简明扼要。网店美工要从主题出发，围绕主题进行设计。图5-3所示的"双11"主题的活动页效果都非常突出。

图5-3

（2）色彩。色彩不是单纯指色彩是否艳丽或突出，而是指页面主色调的合适性，即色彩与活动气氛相融合，图5-4所示就是通过激情的红色和橙色烘托活动氛围。

（3）细节。对于活动页来说，每个细节都决定着效果的优劣。在活动页中，小到装修元素，如抽象的纹理、符号和线条等，大到与活动主题息息相关的元素，如中秋活动时，可添加嫦娥奔月、玉兔等与中秋相关的元素，都可以使整个活动效果更加符合活动主题。图5-5所示的七夕活动页通过牛郎、织女、喜鹊等元素的添加，烘托出甜蜜的氛围，也加强了活动与七夕主题的联系。

图5-4

图5-5

↘ 四、【课堂案例】——设计"中秋"活动页

"中秋节"是我国的传统节日，寄托了人们很多美好的情感，为了弘扬传统文化和促进网店的推广与拉新，开展了与中秋节有关的活动，"简吉"家纺店铺为了迎合中秋活动，提升商品销量，准备针对该专题活动制作营销主导型的中秋节活动页，整个活动页主要分为海报、优惠活动区、促销专区3个部分。

（1）制作海报

"简吉"家纺店铺需要以中秋节为主题制作海报，中秋节自古便有赏月、吃月饼、看花灯、赏桂花、饮桂花酒等民俗，在进行海报设计时可将民俗元素融入海报中，以此体现中秋的主题，再添加店铺商品，起到宣传活动、推广商品的作用，其具体操作步骤如下。

扫一扫

制作海报

步骤 01 绘制海报背景。启动Photoshop，新建大小为"1920像素×6350像素"、分辨率为"72像素/英寸"、名称为"中秋活动页"的图像文件。选择"矩形工具" ▢，在工具属性栏的"填充"下拉列表框中单击"渐变"按钮 ▣，设置渐变颜色为"#9e62a3""#333c68"，在活动页顶部绘制大小为"1920像素×1200像素"的矩形，如图5-6所示。网店美工使用相同的方法，在该矩形的下方再绘制矩形，使其覆盖到整个图像编辑区。

步骤 02 栅格化图层。选择"椭圆工具" ⬭，设置填充颜色为"#fffae5"，在中间区域绘制大小为"640像素×640像素"的椭圆，如图5-7所示。选择绘制的椭圆图层，单击鼠标右键在弹出的快捷菜单中选择【栅格化图层】命令，栅格化图层，完成月亮的绘制。

图5-6

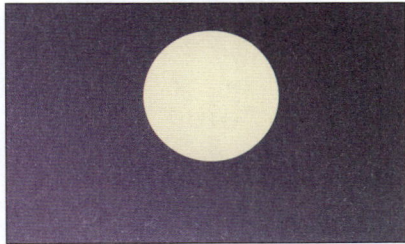
图5-7

步骤 03 绘制被遮挡效果。为了使月亮有被遮挡的感觉，可绘制云朵形状并在月亮中删除该形状区域。选择月亮所在图层，选择"套索工具" ◌，在月亮的右侧绘制云朵形状路径，如图5-8所示。然后按【Delete】键删除该形状区域，形成月亮被遮挡的效果。

步骤 04 制作发光效果。为了使月亮有发光效果，可选择月亮所在图层，按【Ctrl+J】组合键复制图层，选择复制所得的图层，选择【滤镜】/【模糊】/【高斯模糊】命令，打开"高斯模糊"对话框，设置半径为"80像素"，单击 确定 按钮，效果如图5-9所示。

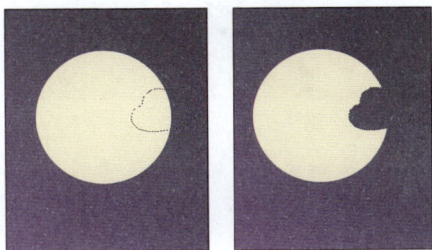
图5-8

图5-9

步骤 05 添加素材。打开"灯笼.psd、花瓣.png、兔子.png、星光.png、云朵.psd"素材文件（配套资源:素材文件\项目五\灯笼.psd、花瓣.png、兔子.png、星光.png、云朵.psd），将素材依次拖动到海报中，调整素材的大小和位置使整个素材更加具有层次，如图5-10所示。

步骤 06 输入"中秋"。选择"横排文字工具" ⏍，输入"中秋"，在工具属性栏中设置字体为"方正沈尹默行书 简繁"，字体颜色为"#000006"，调整文字的大小和位置，如图5-11所示。

图5-10   图5-11

步骤 07 绘制正圆并输入文字。选择"椭圆工具" ⏺，设置填充颜色为"#e4a621"，在"中"字右侧绘制大小为"67像素×67像素"的3个正圆。选择"直排文字工具" ⏍，输入"ZHONG QIU""团圆月"，设置字体为"思源黑体 CN"，字体颜色为"#101044"，调整文字的大小和位置，如图5-12所示。

步骤 08 制作半圆部分。选择"椭圆工具" ⏺，在工具属性栏中取消填充颜色，设置描边颜色为"#e4a621"，描边大小为"15点"，在月亮的上方绘制大小为"550像素×550像素"的正圆，选择"椭圆 2"图层，单击"添加图层蒙版"按钮 ▣，设置前景色为"#000000"，选择"画笔工具" ✎，在圆上方进行涂抹，抹除圆右侧区域预留半圆部分，效果如图5-13所示。

图5-12   图5-13

步骤 09 添加其他素材。打开"祥云.png、毛巾1.png"素材文件（配套资源:素材文件\项目五\祥云.png、毛巾1.png），将素材依次拖动到海报中调整素材的大小和位置，如图5-14所示。

步骤 10 添加阴影。新建图层，将图层拖动到毛巾素材所在图层下方，设置前景色为"#120d01"，选择"画笔工具" ✎，在工具属性栏中设置画笔大小为"400像素"，在毛巾素材的下方进行涂抹完成阴影的添加，效果如图5-15所示。

图5-14

图5-15

（2）制作优惠活动区

当完成海报的制作后，网店美工继续在海报的下方制作优惠活动区，制作时将继续沿用海报的色调，使效果保持统一，其具体操作步骤如下。

步骤 01 添加素材。打开"灯笼2.png"素材文件（配套资源:素材文件\项目五\灯笼2.png），将素材拖动到"中秋活动页"文件中调整其大小和位置。

步骤 02 输入文字并绘制形状。选择"横排文字工具" **T**，输入"中秋优惠活动"，设置字体和字体颜色分别为"方正粗圆简体""#ffffff"，调整文字的大小和位置。设置前景色为"#f34c66"，选择"钢笔工具" ，在工具属性栏中设置模式为"形状"，然后在文字下方绘制图5-16所示的形状。

步骤 03 设置投影参数。双击"中秋优惠活动"图层，打开"图层样式"对话框，单击选中"投影"复选框，在右侧面板中设置颜色、不透明度、距离、扩展、大小分别为"#a53536""50%""13像素""10%""9像素"，单击 确定 按钮，如图5-17所示。

图5-16

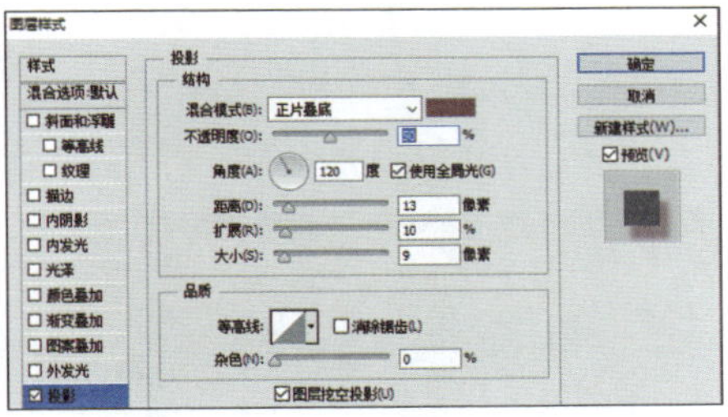

图5-17

步骤 04 绘制形状。选择"钢笔工具" ，在工具属性栏中设置模式为"形状"，然后取消填充颜色，设置描边颜色为"#f34c66"，描边大小为"4点"，然后绘制形状。复制绘制的形状，并缩小复制的形状，然后在工具属性栏中设置填充颜色为"#f34c66"，取消描边，如图5-18所示。

步骤 05 输入优惠文字并添加素材。选择"横排文字工具" **T**，输入优惠文字，在工具属性栏中设置中文字体为"思源黑体 CN"，英文字体为"Impact"，调整文字的大小和位置。打开"荷叶.png"素材文件（配套资源:素材文件\项目五\荷叶.png），将荷叶素材拖曳到文字左侧，调整素材的大小和位置，如图5-19所示。

图5-18 图5-19

步骤 06 制作其他优惠券。单击"创建新组"按钮 📁，并将组名称修改为"优惠券1"，将步骤04、步骤05涉及的图层依次拖曳到该组中。选择"移动工具"➕，在工具属性栏中设置自动选择为"组"，然后选择"优惠券1"图层组，按【Alt】键不放，向右拖曳复制该图层组；重复该操作再复制一次该图层组，完成后修改复制文字内容，并修改该图层组名称，如图5-20所示，完成优惠券的制作。

步骤 07 绘制圆角矩形。选择"圆角矩形工具"▢，在工具属性栏中设置填充颜色为"#7954c0"，半径为"50 像素"，在优惠券下方绘制大小为"1200像素×250像素"的圆角矩形，然后再在圆角矩形的上方绘制填充颜色为"#e869cf"、大小为"1200像素×200像素"的圆角矩形，如图5-21所示。

图5-20 图5-21

步骤 08 旋转圆角矩形。选择底部圆角矩形，按【Ctrl+T】组合键，使圆角矩形进入自由变换状态，然后拖动右上角的调整点，旋转圆角矩形，如图5-22所示。

步骤 09 输入优惠文字。选择"横排文字工具"T，输入图5-23所示的文字，在工具属性栏中设置字体为"方正粗圆简体"，调整文字的大小和位置，完成优惠活动区的制作。

图5-22 图5-23

（3）制作促销专区

在优惠券的下方制作第一个专题栏"爱在中秋浪漫约'惠'"，并展现活动热卖商品，完成后制作第二个专题栏"中秋浪漫约'惠'"，并展现特惠单件商品，其具体操作步骤如下。

步骤01 绘制形状。在制作前设置前景色为"#4c9be4"，新建图层，选择"钢笔工具" ，在优惠券的下方绘制如图5-24所示的形状。

制作促销专区

步骤02 添加渐变颜色。选择绘制的形状所在图层，打开"图层样式"对话框，单击选中"渐变叠加"复选框，在右侧面板中设置渐变颜色为"#f36acb""#925ff1"，单击 确定 按钮，如图5-25所示。

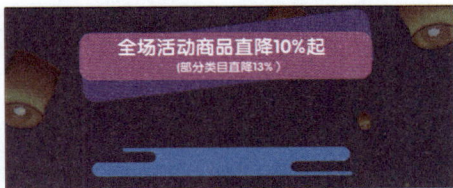

图5-24   图5-25

步骤03 输入文字。选择"横排文字工具" ，输入如图5-26所示的文字，在工具属性栏中设置字体和颜色分别为"方正粗圆简体""#ffffff"，调整文字的大小和位置。

步骤04 添加小兔子素材。打开"小兔子.png"素材文件（配套资源:素材文件\项目五\小兔子.png），将小兔子素材拖曳到文字左侧，调整素材的大小和位置，如图5-27所示。

图5-26   图5-27

步骤05 绘制圆角矩形并添加素材。选择"圆角矩形工具" ，在文字的下方绘制3个大小为"1150像素×530像素"、半径为"30像素"的圆角矩形，并设置填充颜色为"#8a5ad6"，描边颜色为"#e869cf"，描边宽度为"5点"，并设置图层不透明度为"80%"，打开"商品图片1.png~商品图片3.png"素材文件（配套资源:素材文件\项目五\商品图片1.png~商品图片3.png），将毛巾图像依次拖曳到"中秋专题页"中，调整素材的大小和位置，如图5-28所示。

步骤06 输入文字。使用"横排文字工具" 输入文字，原价文字设置"删除线"，如图5-29所示，在工具属性栏中设置字体为"思源黑体CN"，调整文字的大小、颜色和位置。

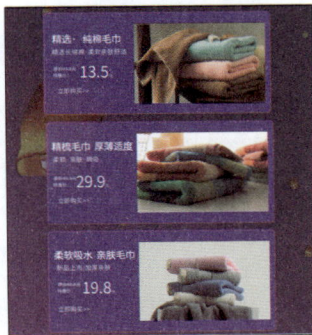

图5-28   图5-29

步骤 07 添加"渐变叠加"图层样式。双击"13.5元"图层，打开"图层样式"对话框，单击选中"渐变叠加"复选框，在右侧面板中设置渐变颜色为"#ff597d""#fbaebb"，单击 **确定** 按钮，如图5-30所示，选择"13.5元"图层单击鼠标右键，在弹出的快捷菜单中选择【拷贝图层样式】命令，然后在"29.9元""19.8元"图层上，单击鼠标右键，在弹出的快捷菜单中选择【粘贴图层样式】命令，粘贴图层样式。

图5-30

步骤 08 绘制圆角矩形。选择"圆角矩形工具" ，在"立即购买>>"文字下方绘制圆角矩形，并设置填充颜色为"#ff688a"，如图5-31所示。

步骤 09 制作第二个专题栏并绘制圆角矩形。复制第一个专题栏所涉及的图层，然后修改其中的文字内容，完成第二个专题栏的制作。选择"圆角矩形工具" ，在文字的下方绘制4个大小为"550像素×650像素"、半径为"30像素"的圆角矩形，并设置填充颜色为"#9960ee"，描边颜色为"#e869cf"，描边宽度为"5点"，如图5-32所示。

步骤 10 添加素材。打开"商品图片4.png~商品图片7.png"素材文件（配套资源:素材文件\项目五\商品图片4.png~商品图片7.png），将素材拖曳到"中秋活动页"文件中，调整素材的大小和位置。

图5-31

步骤 11 输入文字并添加图层样式。选择"横排文字工具" ，输入文字，在工具属性栏中设置字体为"思源黑体 CN"，调整文字的大小、颜色和位置，原价文字添加删除线效果。复制"13.5元"图层的图层样式，然后分别在"18.9元""22.9元""48.9元""63.5元"上粘贴图层样式，如图5-33所示。

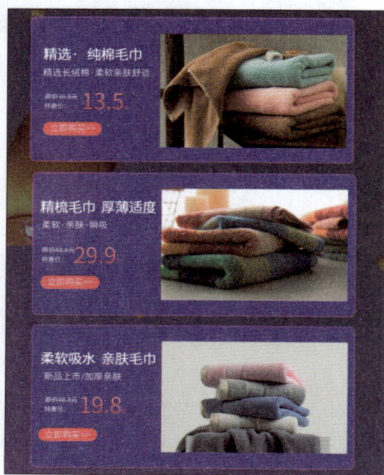

步骤 12 绘制圆角矩形。选择"圆角矩形工具" ，在"立即购买>>"文字下方绘制圆角矩形，并设置填充颜色为"#ff688a"，如图5-34所示。

步骤 13 保存文件。保存文件查看中秋活动页的制作，完成后的效果如图5-35所示（配套资源:效果文件\项目五\中秋活动页.psd）。

素养课堂：了解传统节日，增强民族自豪感

中秋节是我国四大传统节日之一，有着深远的历史，中秋节以月之圆兆人之团圆，是人们寄托思念故乡、思念亲人之情，祈盼丰收、幸福的节日，是弥足珍贵的文化遗产。网店美工在进行中秋节有关设计时，可添加赏月、吃月饼、看花灯、赏桂花、饮桂花酒等民俗，既让整个设计更加形象，同时也增强了民族自豪感。

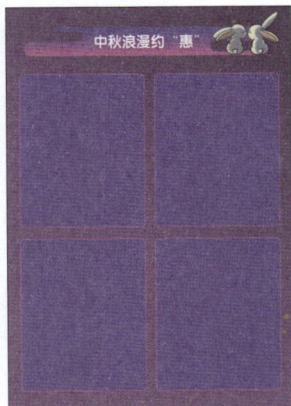

图5-32

图5-33

图5-34

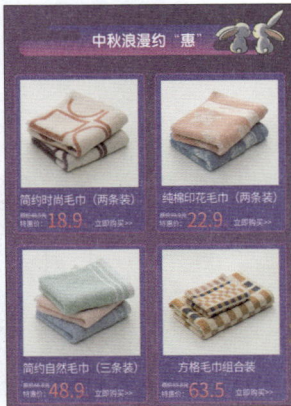

图5-35

课堂练习：制作年货活动页

素材文件：项目五\年货活动页

效果文件：项目五\年货活动页.psd

重点指数：★★★★

微课视频

操作思路

　　随着新年的到来，某店铺需要制作"年货盛宴"活动页，为了使整个活动页有过年的氛围，在颜色选择上可以红色为主色，并搭配与新年相关的素材。为了展示优惠信息，网店美工可将整个活动页分为海报、优惠专区、商品展示区3个部分，并根据重要程度布局与设计活动页。

95

操作提示

新建"年货节活动页"图像文件；制作背景后，进行海报制作；制作优惠券；输入卖点文字和活动内容。最终参考效果如图5-36所示。

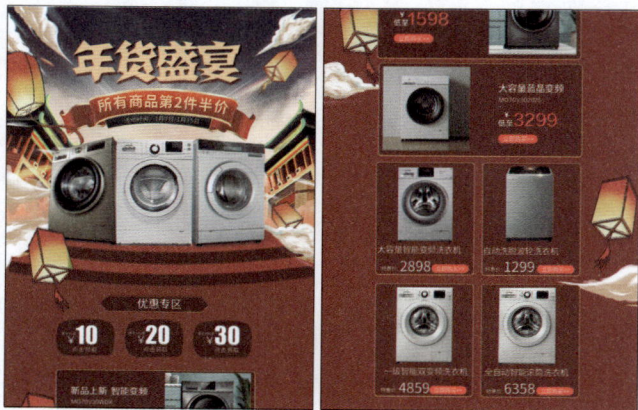

图5-36

任务二　设计与制作品牌介绍页

品牌介绍页用于介绍品牌或者展示品牌故事，包括向消费者展现其品牌的由来、内涵、风格和企业文化等内容，同时也是实力和品质展现的重要构成部分。网店美工在设计品牌介绍页前，需要先了解品牌介绍页的展示方式。

↘ 一、品牌介绍页的展示方式

品牌介绍页作为展示品牌形象的页面，主要使用类目、时间线、事件或是人物、品质保障、短视频等方式展示品牌信息。

（1）使用类目展示品牌信息。在进行品牌介绍页设计时，网店美工可采用图文混排分栏目的排版方式，文字可介绍品牌的由来、品牌的风格以及设计师的灵感、理念、代表作品等。

（2）使用时间线展示品牌信息。在进行品牌介绍页设计时，网店美工可按照时间线来展示品牌的大事记或者说发展的里程碑，可在各个时间节点上使用对应的图片和文字进行说明。

（3）使用事件或是人物展示品牌信息。在进行品牌介绍页设计时，网店美工可按照事件或者人物来展现品牌信息，这类展示方式常用于一些历史悠久、技艺传承的商品品牌，如售卖茶叶、传统食品、手工艺品、艺术品等类目的品牌。

（4）使用品质保障展示品牌信息。在进行品牌介绍页设计时，网店美工可介绍商品的品质保障，展现商品的生产、物流等内容，加深消费者对品牌的好感度。

（5）使用短视频展示品牌信息。网店美工在进行品牌介绍页设计时，表现形式上除了常见的图文，现在也可以利用插入短视频的形式来展现品牌信息。

二、【课堂案例】——设计家纺品牌介绍页

扫一扫

【课堂案例】——设计家纺品牌介绍页

"简吉"家纺店铺为了提升品牌影响力，准备制作品牌介绍页用于展示企业介绍、发展历程、商品特色等内容。在设计时可采用类目展示的方式对品牌信息进行展示，其颜色将继续沿用前面首页的颜色，使整个色调更加统一，具体操作步骤如下。

步骤01 新建文件。新建大小为"1920像素×6000像素"、分辨率为"72像素/英寸"、名称为"家纺品牌介绍页"的文件。

步骤02 绘制矩形并添加素材。选择"矩形工具" ，设置填充颜色为"#004c98"，在图像顶部绘制大小为"1920像素×950像素"的矩形，打开"品牌介绍页图片1.jpg"素材文件（配套资源:素材文件\项目五\品牌介绍页图片1.jpg），将其中的图片拖曳到"家纺品牌介绍页"文件中，调整素材的大小和位置，按【Ctrl+Alt+G】组合键，创建剪贴蒙版，然后设置不透明度为"60%"，如图5-37所示。

步骤03 输入文字。选择"横排文字工具" ，输入"JIAN JI 简吉""——爱你就是爱自己"，在工具属性栏中设置字体为"汉仪尚巍手书W"，调整文字的大小、颜色和位置，完成海报的制作，如图5-38所示。

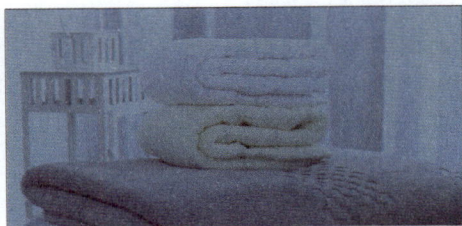

图5-37

图5-38

步骤04 绘制斜线。选择"直线工具" ，设置描边颜色为"#004c98"，描边粗细为"5像素"，然后在海报的下方绘制两条斜线，方便区分后期输入的文字。

步骤05 添加素材。打开"品牌介绍页图片2.jpg"素材文件（配套资源:素材文件\项目五\品牌介绍页图片2.jpg），将图片拖曳到"家纺品牌介绍页"文件中，调整素材的大小和位置，如图5-39所示。

步骤06 绘制矩形。选择"矩形工具" ，设置填充颜色为"#004a93"，在图片右侧绘制大小为"25像素×150像素"的矩形。

步骤07 输入文字。选择"横排文字工具" ，输入"企业简介""COMPANY PROFILE"，在工具属性栏中设置字体为"方正品尚准黑简体"，字体颜色为"#003668"，调整文字的大小和位置；再次选择"横排文字工具" ，输入其他文字，设置字体为"思源黑体CN"，字体颜色为"#282828"，调整文字的大小和位置，如图5-40所示。

97

图5-39

图5-40

步骤 08 绘制多个矩形。选择"矩形工具" ▭ ，设置填充颜色为"#004a93"，在图片下方绘制大小为"420像素×150像素"的矩形，然后在矩形的下方绘制5个"225像素×60像素"的矩形，如图5-41所示。

步骤 09 输入"发展历程"相关文字。使用"横排文字工具" T 输入"发展历程""DEVELOPMENT HISTORY"，在工具属性栏中设置字体为"方正品尚准黑简体"，字体颜色为"#003668"，调整文字的大小和位置；再次选择"横排文字工具" T ，输入其他文字，设置字体为"思源黑体 CN"，设置矩形中字体的颜色为"#ffffff"，其他字体的颜色为"#282828"，调整文字的大小和位置，如图5-42所示。

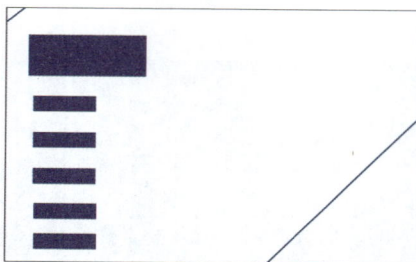

图5-41

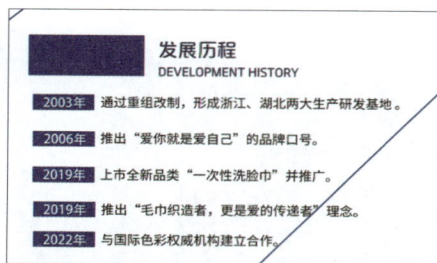

图5-42

步骤 10 绘制三角形。设置前景色为"#004a93"，选择"钢笔工具" ✎ ，在工具属性栏中的"路径"下拉列表中选择"形状"选项，然后在图像编辑区中绘制5个不同大小的三角形，效果如图5-43所示。

步骤 11 绘制5个矩形。选择"矩形工具" ▭ ，设置填充颜色为"#004a93"，在文字的下方绘制大小为"1320像素×360像素"的矩形，然后在矩形的下方绘制4个填充颜色为"#a0a0a0"、大小为"1100像素×120像素"的矩形，如图5-44所示。

步骤 12 输入"商品特色"相关文字。选择"横排文字工具" T ，输入"商品特色""PRODUCT FEATURES"，在工具属性栏中设置字体为"方正品尚准黑简体"，字体颜色为"#ffffff"，调整文字的大小和位置；再次选择"横排文字工具" T ，输入其他文字，设置字体为"思源黑体 CN"，设置字体颜色为"#ffffff"，调整文字的大小和位置，如图5-45所示。

步骤 13 绘制4个矩形。选择"矩形工具" ▭ ，在工具属性栏中设置填充颜色为"#004a93"，在矩形的下方绘制4个"500像素×1100像素"的矩形，如图5-46所示。

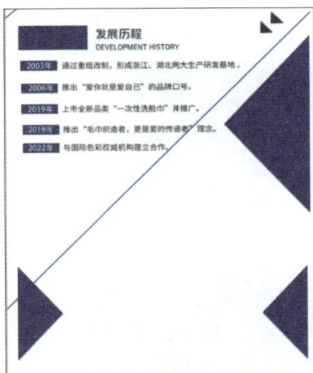

图5-43

图5-44

图5-45

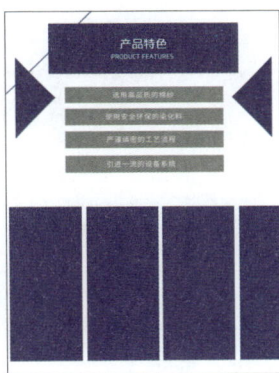

图5-46

步骤 14 斜切矩形。选择所有下排矩形图层，单击鼠标右键在弹出的快捷菜单中选择【合并形状】命令，然后按【Ctrl+T】组合键，再单击鼠标右键，在弹出的快捷菜单中选择【斜切】命令，然后拖动左右两侧的锚点使其呈菱形显示，如图5-47所示。

步骤 15 添加素材。打开"商品图片2.png"素材文件（配套资源:素材文件\项目五\商品图片2.png），将素材拖曳到"家纺品牌介绍页"文件调整后的矩形上方，调整素材的大小和位置，按【Ctrl+Alt+G】组合键创建剪贴蒙版，如图5-48所示。

图5-47

图5-48

步骤 16 保存文件。保存文件查看家纺品牌介绍页的制作，效果如图5-49所示（配套资源:效果文件\项目五\家纺品牌介绍页.psd）。

图5-49

课堂练习：制作茶叶店铺品牌介绍页

扫一扫

素材文件：项目五\茶叶素材
效果文件：项目五\茶叶店铺品牌介绍页.psd
重点指数：★★★

微课视频

操作思路

可将品牌介绍页分为3个板块，如联系我们、品牌故事、线下体验店，并按照类目展示信息。

操作提示

新建图像文件；制作联系我们板块；制作品牌故事板块；制作线下体验店板块；最终参考效果如图5-50所示。

图5-50

思考与练习

一、单选题

1. 以品牌宣传为主、盈利销售为辅的活动类型是（　　　）。
   A. 营销主导型　　　　　　　　B. 传播主导型
   C. 混合型　　　　　　　　　　D. 以上都不是
2. 用于介绍品牌或者展示品牌故事的页面是（　　　）。
   A. 品牌介绍页　　　　　　　　B. 商品详情页
   C. 首页　　　　　　　　　　　D. 活动页
3. 在反季的时候通过活动的方式对商品进行清仓处理，该方式叫作（　　　）。
   A. 清理库存　　　　　　　　　B. 拉新
   C. 扩大品牌知名度　　　　　　D. 缩短商品入市的进程

二、填空题

1. 拉新即获取新消费者，也叫＿＿＿＿＿＿＿。
2. 以盈利销售为主、品牌宣传为辅的活动类型是＿＿＿＿＿＿＿。
3. ＿＿＿＿＿＿＿是一次活动的中心思想、灵魂和主旨。

三、简答题

1. 活动页在设计时可从哪些方面入手？
2. 品牌介绍页展示方式有哪些？
3. 简述营销主导型活动页的设计要点。

四、实训题

　　某箱包店铺准备以"上新周"作为主题制作活动页，以提升店铺销量。网店美工在制作时将利用搜集的素材（配套资源:素材文件\项目五\旅行箱上新周活动页面.jpg）先制作上新海报，再制作优惠券，最后制作热卖商品区（配套资源:效果文件\项目五\旅行箱上新周活动页面.psd）。

项目六
设计与制作商品详情页

内容导读
商品详情页是商品的信息展示页面，当消费者看到心仪的商品后会点击商品的主图，然后直接进入该商品的详情页页面，并根据详情页中的信息判断该商品是否符合自己的需要，因此，商品详情页的视觉设计至关重要。

知识目标
- 了解商品详情页的基础知识。
- 掌握商品详情页各个部分的设计方法。

技能目标
- 能够独立完成焦点图的制作。
- 能够独立完成商品信息图的制作。
- 能够独立完成卖点说明图的制作。
- 能够独立完成快递与售后图的制作。

素养目标
- 培养商品详情页的布局与展现能力。
- 提升对商品详情页的整合能力。

任务一　认识商品详情页

商品详情页是指通过图文的方式介绍商品的外观、尺寸、材质、颜色、功能、使用方法等商品详细信息的页面。在网络购物中，消费者不能实际接触商品，只能通过详情页来了解商品，所以商品详情页的视觉设计在很大程度上能影响商品的销售量。在设计商品详情页前，网店美工需要先了解商品详情页的设计要求和设计要点，方便后期进行商品详情页设计。

一、商品详情页的设计要求

在设计商品详情页时，美观、规范的商品详情页更能吸引消费者的注意力，从而提高商品销量。为了使制作的商品详情页符合要求，网店美工要充分了解设计要求。

（1）统一设计风格。商品详情页的设计风格应该与首页、品牌介绍页风格一致，避免造成页面整体不协调的情况。为了保持整个商品详情页的风格统一，商品详情页各个区域的色彩、字体、排版方式、展示方式等应尽量统一。

（2）展示品牌形象。网店美工在设计商品详情页时可以通过商品、功效、品牌、服务等图文描述植入品牌形象。

（3）符合设计规范。商品详情页的常规宽度为750像素或790像素，高度建议不超过35000像素，可以根据商品的实际情况而定。为了避免消费者在浏览商品详情页时出现加载过慢的问题，装修时最好不要使用尺寸太大的图片，图片大小不能超过10MB。商品详情页支持JPG、PNG、GIF格式的图片。

二、商品详情页的设计要点

商品详情页用于详细展示商品的各项信息，因此网店美工在设计商品详情页前需要深度了解商品，同时站在消费者的角度进行思考，这样完成后的商品详情页更能激发消费者的购买欲，促成商品成交。网店美工在设计商品详情页时需要把握以下几个要点。

（1）吸引消费者注意。网店美工可通过美观的版式效果、有创意的设计为商品详情页增色，以吸引消费者关注，同时，也可在商品详情页中加入销量优势、功能特点、促销信息等来吸引消费者注意，以激发消费者的潜在需求。

（2）赢得消费者信任。网店美工在设计商品详情页时，可从商品细节、消费者痛点、商品卖点、同类商品对比、第三方评价、品牌附加值、消费者情感、品质证明、售后服务等方面赢得消费者信任，激发消费者的潜在需求，提高消费者的购买欲。图6-1所示为某洗衣机的商品详情页，通过详细展示洗衣机功能，展示该商品的优越之处，提高消费者的购买欲。

（3）真实展示商品。网店美工可以从多角度展示商品，注重品牌的塑造，但要注意避免过度美化图片而导致图片偏色、变形等，或过度夸大商品的性能而导致言过其实，以免产生不必要的售后纠纷，降低网店的信誉。

（4）帮助消费者做决定。网店美工可通过库存有限、活动后将提高单价、限制优惠时间等方式，营造一种急迫感，促使犹豫不决的消费者快速下单。

图6-1

📢 **设计经验**

若商品的使用者和购买者不是同一个人，如婴幼儿用品的购买者是父母，使用者是婴幼儿，网店美工在进行该商品的详情页设计时，则不能以婴幼儿作为目标消费者，应该从购买者（父母）的角度进行考虑。

任务二 商品详情页的设计与制作

商品详情页是促成消费者下单的关键页面，因此商品详情页的视觉设计就显得尤为重要。网店美工在设计商品详情页前，可先了解商品详情页的组成部分，然后对各个部分进行设计与制作。

↘ 一、商品详情页的组成部分

网店美工要想设计出高质量的商品详情页效果，需要先了解商品详情页的组成部分，然后针对每一个部分设计内容。图6-2所示为某款猫砂的商品详情页，包括焦点图、卖点说明、信息展示、服务与售后部分。

📢 **设计经验**

商品详情页的内容不是固定的，网店美工在实际制作商品详情页时可根据商品的具体情况、商家的要求和目标消费者的需求，增加和减少商品详情页内容，如电器需要展示功能、家具需要展示装饰场景等。

（1）焦点图。焦点图一般位于宝贝基础信息下方，由商品、主题与卖点3部分组成。焦点图通过突出商品优势以及放大商品特点来吸引消费者购买该商品，一般有两个作用：一是明确商品主体，突出商品优势；二是承上启下，提升消费者向下浏览的兴趣。网店美工在设计焦点图时，应突出自己商品的优势，在文案与图片的设计上讲究创意，可通过突出商品的特色以及放大商品的优势，或通过对比其他商品，展现商品的优势。

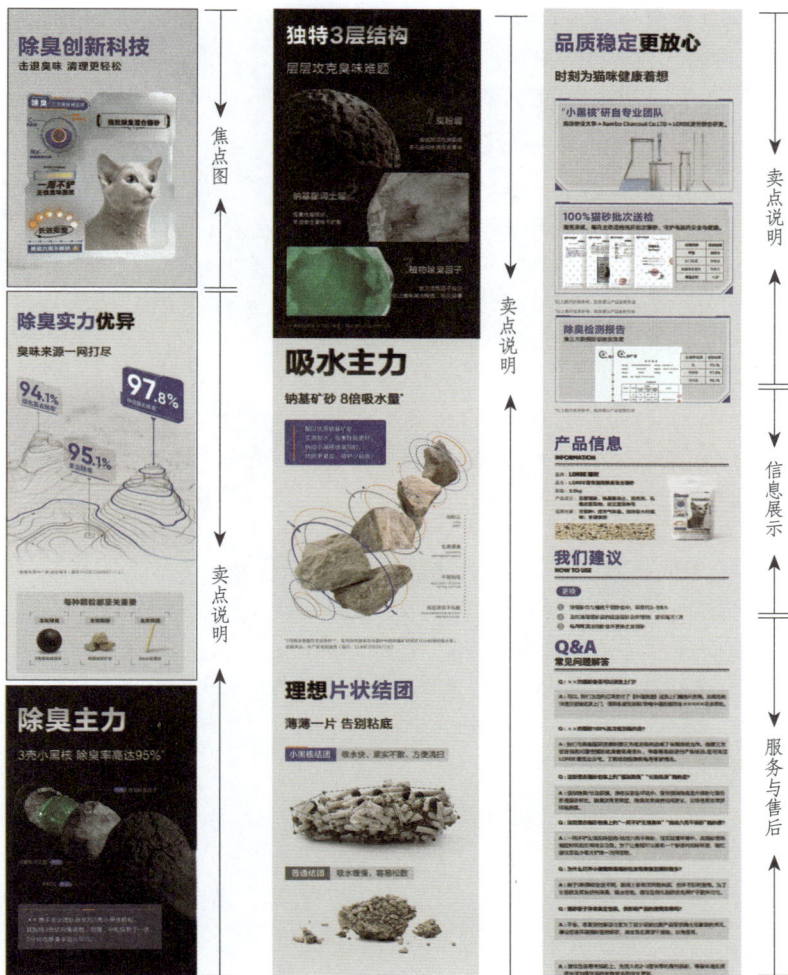

图6-2

（2）卖点说明。商品卖点是基于消费者的需求，从商品的使用价值、外观、质量、规格、功能、服务、承诺、荣誉、品质等诸多方面中提炼出来的。商品卖点是吸引消费者购买商品或者服务的主要因素，一般具有3个特征：一是卖点独特，特别是相同类型的商品，如果能提炼出与其他商家不同的独特卖点，就很可能影响消费者的购买行为，如农夫山泉的"有点甜"；二是有足够的说服力，能打动消费者，卖点与消费者的核心利益息息相关，如空调的"变频"与"回流"功能，面膜的润肤、补水等功效；三是长期传播的价值及品牌辨识度，如凉茶"王老吉"等。

（3）信息展示。由于网络的虚拟性，消费者并不能通过图片来准确把握商品的详细信息，因此网店美工需要通过信息展示板块展示商品的尺寸、品牌、品名、规格、商品型号、成分、颜色等内容，除此之外，还可在信息展示中展示细节内容，以提升消费者对商品的了解度。

（4）服务与售后。在网店中，商品与服务是不可分割的，因此商家需要对消费者感到困惑的或容易产生疑虑的内容，提供品质承诺、工艺、证书、物流等信息。除此之外，商家还可以采用问题解答的方式，打消消费者的顾虑。

↘ 二、【课堂案例】——设计毛巾焦点图

"简吉"家纺店铺需要为上新的毛巾设计尺寸为"750像素×1300像素"的焦点图用于吸引消费者，由于该毛巾的色调为灰色，为了使焦点图与商品的色调统一，在设计上可以沿用灰色作为主色，加入商品图片和说明文字体现主题，最后在其上添加店铺Logo，达到宣传店铺的目的，其具体操作步骤如下。

步骤 01 新建文件。新建大小为"750像素×1300像素"、分辨率为"72像素/英寸"、名称为"毛巾焦点图"的文件。

步骤 02 绘制海报背景。为了凸显商品，制作焦点图时需要先绘制背景。选择"渐变工具" ，设置渐变颜色为"#d8d8d8" "#eeeeee"，单击 确定 按钮，然后自下而上进行拖动，填充渐变颜色，效果如图6-3所示。

步骤 03 绘制矩形。选择"矩形工具" ，在图像下方绘制大小为"750像素×200像素"的矩形，并设置填充颜色为"#cdcccc"，如图6-4所示。

步骤 04 添加素材。打开"商品1.png"素材文件（配套资源:素材文件\项目六\商品1.png），将素材拖动到"毛巾焦点图"文件中并调整素材的大小和位置，如图6-5所示。

| 图6-3 | 图6-4 | 图6-5 |

步骤 05 设置投影参数。双击"图层 1"图层空白区域，打开"图层样式"对话框，单击选中"投影"复选框，在右侧面板中设置颜色、不透明度、角度、距离、扩展、大小分别为"#000000" "23%" "24度" "35像素" "0%" "87像素"，单击 确定 按钮，如图6-6所示。

步骤 06 输入文字。选择"横排文字工具" ，输入"自然呵护 星级格调"，设置字体、字体颜色、字体样式分别为"思源黑体 CN" "#515050" "Bold"，调整文字的大小和位置，如图6-7所示。

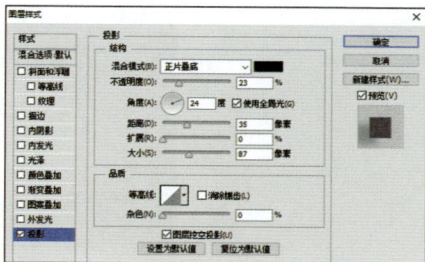

图6-6

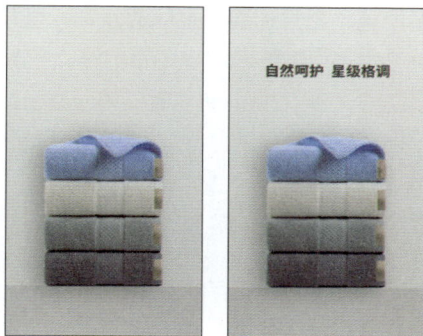

图6-7

步骤 07 输入其他文字。选择"横排文字工具" **T**，输入其他文字，设置字体、字体颜色、字体样式分别为"思源黑体 CN""#262424""Regular"，调整文字的大小和位置，效果如图6-8所示。

步骤 08 绘制矩形。选择"矩形工具" ，在"自然呵护"下方绘制大小为213像素×5像素的矩形，并设置填充颜色为"#a0a0a0"，如图6-9所示。

步骤 09 添加素材。打开首页中制作的"店招与导航条.psd"素材文件（配套资源:素材\项目六\店招与导航条.psd），将Logo拖动到焦点图中，并调整Logo的位置，打开"商品2.png"素材文件（配套资源:素材文件\项目六\商品2.png），将素材拖动到焦点图中调整素材的大小和位置，如图6-10所示。

步骤 10 保存图像。保存图像和文件（配套资源:效果文件\项目六\毛巾焦点图.jpg、毛巾焦点图.psd）。

图6-8

图6-9

图6-10

三、【课堂案例】——设计毛巾卖点说明图

"简吉"家纺店铺需要在焦点图的下方设计卖点说明图，为了增强消费者对该毛巾的信任感，在设计时可以从消费者的角度出发，以购买毛巾需要注重的方面，如纯棉、

不易掉毛、尺寸适合、加倍吸水、权威机构质检等来设计卖点说明图，在颜色选择上可继续沿用焦点图的色调，使整个设计更加统一，其具体操作步骤如下。

步骤 01 新建文件。新建大小为"750像素×5410像素"、分辨率为"72像素/英寸"、名称为"毛巾卖点说明图"的文件。

步骤 02 添加素材并输入文字。打开"商品3.png"素材文件（配套资源:素材文件\项目六\商品3.png），将素材拖动到卖点说明图中调整素材的大小和位置，选择"横排文字工具" T，输入文字，设置字体、字体颜色分别为"思源黑体 CN""#ffffff"，调整文字的大小和位置，如图6-11所示。

【课堂案例】——设计毛巾卖点说明图

步骤 03 绘制小矩形。选择"矩形工具" ▣，在"捻度小"文字下方绘制大小为"158像素×6像素"的矩形，并设置填充颜色为"#ffffff"，如图6-12所示。

步骤 04 绘制大矩形。选择"矩形工具" ▣，在图像下方绘制大小为"660像素×250像素"的矩形，并设置填充颜色为"#ffffff"，图层不透明度为"50%"；再次选择"矩形工具" ▣，在矩形上方绘制大小为"620像素×220像素"的矩形，如图6-13所示。

图6-11　　　　　　　　图6-12　　　　　　　　图6-13

步骤 05 添加图标素材并输入文字。打开"商品4.png"素材文件（配套资源:素材文件\项目六\商品4.png），将素材拖动到卖点说明图中并调整素材的大小和位置，选择"横排文字工具" T，输入文字，设置字体、字体颜色分别为"思源黑体 CN""#2c2b2b"，调整文字的大小和位置如图6-14所示。

步骤 06 添加素材并输入文字。打开"商品5.png"素材文件（配套资源:素材文件\项目六\商品5.png），将素材拖动到卖点说明图中并调整素材的大小和位置，选择"横排文字工具" T，输入文字，设置字体、字体颜色分别为"思源黑体 CN""#2c2b2b"，调整文字的大小和位置，如图6-15所示。

步骤 07 绘制矩形。选择"矩形工具" ▣，在"水分子"下方绘制大小为"160像素×5像素"的矩形，并设置填充颜色为"#626262"，如图6-16所示。

步骤 08 添加素材和输入文字。选择"矩形工具" ▣，在图像下方绘制大小为"750像素×1300像素"的矩形，并设置填充颜色为"#ececec"，打开"商品6.png"素材文件（配套资源:素材文件\项目六\商品6.png），将素材拖动到卖点说明图中并调整素材的大小和位置，选择"横排文字工具" T，输入文字，设置字体、字体颜色分别为"思源黑体 CN""#2c2b2b"，调整文字的大小和位置，如图6-17所示。

步骤09 绘制形状。选择"自定形状工具" ，在工具属性栏中设置填充颜色为"#626262"，在"形状"下拉列表中选择"箭头6"选项，然后在文字的下方绘制选择的形状，如图6-18所示。

图6-14

图6-15

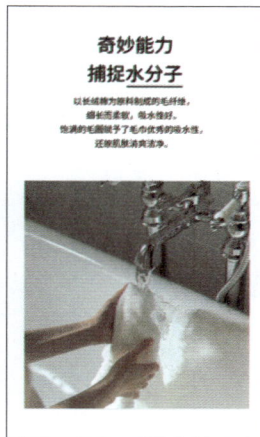

图6-16

步骤10 保存图像。使用步骤08和步骤09的方法绘制矩形，并添加"商品7.png"素材文件（配套资源:素材文件\项目六\商品7.png），然后输入文字并绘制形状，完成后保存图像和文件，并查看完成后的效果（配套资源:效果文件\项目六\毛巾卖点说明图.jpg、毛巾卖点说明图.psd），如图6-19所示。

图6-17

图6-18

图6-19

四、【课堂案例】——设计毛巾信息展示图

"简吉"家纺店铺的信息展示图用于展示消费者关注的毛巾信息，如品牌、规格、面料、材料、厚度、手感、吸水性等，可增强消费者对该商品的信任感，也能使店铺在消费者心中留下诚信的印象。除此之外，商家还展示了商品颜色，方便消费者快速选择颜色，其具体操步骤作如下。

扫一扫

【课堂案例】——设计毛巾信息展示图

步骤 01 新建文件。新建大小为"750像素×1500像素"、分辨率为"72像素/英寸"、名称为"毛巾信息展示图"的文件。

步骤 02 绘制矩形和直线。选择"矩形工具"，在图像中绘制大小为"750像素×615像素"的矩形，并设置填充颜色为"#ececec"，选择"直线工具"，在矩形中绘制4条大小为"655像素×3像素"的直线，并设置填充颜色为"#a9a7a7"，如图6-20所示。

步骤 03 输入文字。选择"横排文字工具"，输入文字，设置字体、字体颜色分别为"思源黑体 CN""#2c2b2b"，调整文字的大小和位置，如图6-21所示。

步骤 04 输入其他文字。选择"横排文字工具"，输入其他文字，设置字体、字体颜色分别为"思源黑体 CN""#9f9e9e"，调整文字的大小和位置，如图6-22所示。

图6-20

图6-21

图6-22

步骤 05 绘制矩形。选择"矩形工具"，在文字下方绘制12个大小为"80像素×50像素"的矩形，并设置填充颜色分别为"#a9a7a7""#ffffff"，如图6-23所示。

步骤 06 输入信息文字。选择"横排文字工具"，输入文字，设置字体为"思源黑体 CN"，字体颜色分别为"#ffffff""#898585"，调整文字的大小和位置，如图6-24所示。

步骤 07 添加素材并输入文字。打开"商品8.png~商品13.png"素材文件（配套资源:素材文件\项目六\商品8.png~商品13.png），将素材拖动到信息展示图中并调整素材的大小和位置，选择"横排文字工具"，输入文字，设置字体、字体颜色分别为"思源黑体 CN""#706e6e"，调整文字的大小和位置，如图6-25所示。

步骤 08 保存图像。完成后保存图像和文件，并查看完成后的效果（配套资源:效果\项目六\毛巾信息展示图.jpg、毛巾信息展示图.psd）。

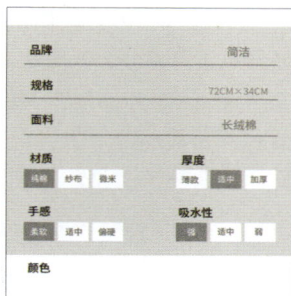

图6-23　　　　　　　　　图6-24　　　　　　　　　图6-25

素养课堂：诚信，网店美工应有的职业品质

诚信是一个道德范畴的概念，是公民的第二个"身份证"。诚信是电商的根基，网店美工在商品详情页的设计过程中，应该将视觉设计与诚信理念相结合，如真实展示商品的品质、真实展示商品的功能等，获得消费者的信任，才能换来高点击率和转化率，以达到促进销售的目的。

↘ 五、【课堂案例】——设计毛巾快递与售后图

"简吉"家纺店铺为了提升消费者的满意度，准备在商品详情页下方设计快递与售后图，在该图中可添加客服热线和售后问题等内容，让消费者了解店铺的诚意，增加消费者对店铺的归属感，其具体操作步骤如下。

【课堂案例】——设计毛巾快递与售后图

步骤 01 新建图像文件并添加素材。新建大小为"750像素×950像素"、分辨率为"72像素/英寸"、名称为"快递与售后图"的文件。打开"售后背景纹理.jpg"素材文件（配套资源:\素材文件\项目六\售后背景纹理.jpg），将素材拖动到售后图中使其铺满整个页面。

步骤 02 添加素材。打开"快递与售后素材.psd"素材文件（配套资源:\素材文件\项目六\快递与售后素材.psd），依次将其中的素材拖动到快递与售后图中，并调整素材的位置和大小，效果如图6-26所示。

步骤 03 输入文字并绘制圆角矩形。选择"横排文字工具"，设置字体为"方正粗圆简体"，文字大小为"60点"，字体颜色为"黑色"，输入"快递与售后"，然后选择"圆角矩形工具"，在工具属性栏中设置填充为"#c8d700"，半径为"15像素"，在文字的下方绘制大小为"70像素×40像素"的圆角矩形，并在其上输入"3"，调整文字的大小和颜色。

步骤 04 绘制圆角矩形并填充颜色。选择"圆角矩形工具"，在工具属性栏中设置半径为"8像素"，在数字的右侧分别绘制4个大小为"120像素×120像素"的圆角矩形，分别设置填充颜色为"#0c62ad""#5cccf7""#0c62ad""#81878d"，如图6-27所示。

步骤 05 添加图标与图片素材。打开"24小时发货图标.png"图像文件（配套资源:\素材文件\项目六\24小时发货图标.png），将素材拖动到浅蓝色矩形上方，调整素材的大小和

位置；打开"客服.jpg"素材文件（配套资源:\素材文件\项目六\客服.jpg），将其拖动到最上方的矩形中，并对其创建剪贴蒙版，如图6-28所示。

步骤 06 输入说明文字。选择"横排文字工具" T ，设置字体为"FagoExTf ExtraBold"，文字大小为"55点"，字体颜色为"#0c62ad"，输入"906645xx"，设置字体为"思源黑体CN"，文字大小为"20点"，字体颜色为"#575e60"，输入其他文字，如图6-29所示。

图6-26

图6-27

图6-28

图6-29

步骤 07 绘制矩形并输入文字。选择"矩形工具" ，在工具属性栏中设置填充颜色为"#05509a"，在下方绘制大小为"750像素×70像素"的矩形，在其上方输入"售后无忧 享3重保障"，调整文字的大小、位置和颜色，效果如图6-30所示。

步骤 08 添加快递与售后图标。打开"快递与售后图标.png"素材文件（配套资源:\素材文件\项目六\快递与售后图标.png），将图标素材拖动到圆角矩形的下方，调整素材的位置和大小。

步骤 09 输入说明性文字。选择"横排文字工具" T ，设置字体为"思源黑体 CN"，输入说明性文字，设置第一排文字的字体颜色为"#000000"，其他文字的字体颜色为"#999999"，调整文字的大小和位置，保存图像和文件，查看完成后的效果，如图6-31所示（配套资源:\效果文件\项目六\快递与售后图.jpg、快递与售后图.psd）。

图6-30

图6-31

课堂练习：制作四件套详情页

素材文件：项目六\四件套详情页

效果文件：项目六\四件套详情页.psd

重点指数：★★★★

操作思路

　　根据消费者的浏览模式和购买心理，该详情页可从焦点图、细节展示、情景展示等方面入手，其目的在于展示商品精良的品质，吸引消费者的注意力并刺激消费者产生购买行为。在制作时为了使整体效果与四件套相搭配，可选择紫色作为主色，并从四件套的面料、商品细节以及情景展示方面来展示商品卖点。

操作提示

　　新建图像文件；使用提供的素材依次制作焦点图、细节展示图、情景展示图，最终参考效果如图6-32所示。

图6-32

素养课堂：关于印花图案的处理

　　印花一般是指通过染料或颜料在纺织物上施印的花纹，网店美工处理有印花的商品图片素材时，要注意不能过度，以免影响印花的质感。网店美工在设计时注意不要过于复杂，可选择商品中的印花元素进行设计，使设计风格保持统一。

思考与练习

一、单选题

1. 商品详情页的常规宽度为（   ）
   A. 650像素   B. 700像素
   C. 750像素或790像素   D. 800像素或900像素

2. 商品详情页的图片大小不能超过（   ）。
   A. 3MB   B. 5MB   C. 10MB   D. 20MB

3. 下列选项中，属于商品详情页的高度范围是（   ）。
   A. 不超过200000像素   B. 不超过25000像素
   C. 不超过30000像素   D. 不超过35000像素

二、填空题

1. 网店美工在设计商品详情页时可通过_____、_____、_____、_____等图文描述植入品牌形象。

2. _____是基于消费者的需求，从商品的使用价值、外观、质量、规格、功能、服务、承诺、荣誉、品质等诸多信息中提炼出来的。

3. 焦点图一般位于宝贝基础信息下方，由_____、_____、_____3部分组成。

三、简答题

1. 简述商品详情页的组成部分。
2. 简述商品详情页的设计要点。
3. 简述商品详情页的设计要求。

四、实训题

使用提供的素材（配套资源:\素材文件\项目六\茶叶素材）制作茶叶商品详情页，在制作时可将整个茶叶商品详情页分为焦点图展示、卖点展示、注意事项3个部分，完成后的效果可参考图6-33（配套资源:\效果文件\项目六\茶叶商品详情页.psd）。

图6-33

项目七

设计与制作短视频

内容导读

　　随着移动电商的发展，很多店铺都将商品卖点通过短视频的方式进行展示，短视频成了各大电商平台用于吸引流量的一个重要途径。相较于文字和图像，短视频的展现方式更加简单、明了，且形式新颖，更加符合当下的时代潮流，因此，短视频的设计与制作也是网店美工的必备技能之一。

知识目标

- 了解短视频的基础知识。
- 掌握拍摄短视频的方法。
- 掌握制作短视频的方法。

技能目标

- 能够独立完成短视频内容的策划。
- 能够独立完成毛巾主图短视频的制作。
- 能够独立完成大米详情页短视频的制作。

素养目标

- 培养对短视频的赏析与设计能力。
- 培养在不同情况下对短视频的运用能力。

任务一　认识短视频

短视频是各大电商平台不可或缺的商品展示方式之一，因此短视频制作也成为了网店美工必备的职业技能。网店美工在制作短视频前，需要了解短视频的特征与优势，以及短视频的类型。

一、短视频的特征与优势

短视频是一种崭新的展现形式，具有自己独特的个性化特征，这些特征可以用"短""低""快"3个字形容。

（1）短。"短"是指短视频的时长短，内容简洁明了，便于观众利用碎片化的时间接收其中的信息。

（2）低。"低"主要有两个方面的含义，一方面是指短视频制作的成本低；另一方面是指短视频制作的门槛也很低，网店美工只需要掌握简单的视频编辑软件，如剪映、会声会影等，即可完成短视频的制作。

（3）快。"快"主要表现在短视频的内容比较充实和紧凑，能够在短时间内快速向观众完整地展示创作的意图。

二、短视频的类型

根据短视频用途的不同，我们可以将短视频分为以下3种类型。

（1）展示商品的短视频。商家想让消费者更直观地感受商品的细节或规格，则可以拍摄展示商品的短视频，如展示服装上身效果、展示手机外观等。

（2）描述使用方法的短视频。针对需要二次加工的商品，如自热火锅、烹饪材料等，商家可以拍摄该商品的使用方法短视频，让消费者能够了解该商品如何操作，让消费者充分理解后，也能提高转化率。

（3）宣传品牌的短视频。想要做出品牌的商家，不仅要在商品上付出，还要打响品牌名号，商家可拍摄宣传品牌的短视频，宣传品牌的基本信息、实力、信誉等。

任务二　拍摄短视频

在拍摄短视频之前，网店美工需要先了解拍摄短视频的基础知识，包括拍摄流程、运镜方式、拍摄的景别、角度和方位等。

一、短视频的拍摄流程

为了保证拍摄的短视频质量，拍摄短视频通常按照以下流程来进行。

（1）了解商品的特点。拍摄短视频前需要先了解商品，包括该商品的特点和使用方法。充分了解商品后，网店美工再进行后续操作。

（2）确定摄影风格。网店美工在确定摄影风格时，可以参考所

扫一扫

分镜头脚本的写作思路

拍摄商品的同类短视频，并结合自身所拍摄商品的特点，确定整体摄影风格，如唯美、清新、复古、文艺、中国风等。

（3）制定拍摄脚本。如果把短视频比作一篇情节丰富的小说，那么脚本就是这篇小说的提纲和框架，用于为后续的拍摄、剪辑和道具准备等工作提供流程指导，并明确分工职责。常用的拍摄脚本一般为分镜头脚本，分镜头脚本主要是以文字的形式，用镜头的方式直接表现短视频的内容画面，包括画面内容、景别、摄法技巧、时长、机位和音效等。

（4）准备器材、布景、布光。正式拍摄前，网店美工要准备拍摄中需要使用的器材，确保拍摄工作顺利进行。布景可烘托商品氛围、凸显商品特征或展示商品使用场景等；布光有助于真实展示商品的颜色、形态和质感等，因此，网店美工应根据商品的特点进行布景和布光。如有需要，网店美工还可以邀请模特来展示商品，但需要注意的是，模特是为展示商品服务的，不能喧宾夺主。

（5）视频的拍摄。一切准备就绪后，网店美工便可按照制定的脚本拍摄商品短视频，如果在拍摄中发现不合理的部分可以根据实际情况进行修改。在正式拍摄短视频的过程中，网店美工可从外形、质感、颜色、细节等方面展示商品。除此之外，网店美工还需重点体现商品的特色，帮助消费者了解商品，从而打消其顾虑，促进购买。

二、短视频的运镜方式

短视频的运镜方式是指在一个镜头中，通过移动摄像设备的位置，或改变镜头光轴（指镜头的光轴垂直于平行线），或变化镜头焦距所进行的视频拍摄方式，所拍摄到的短视频画面通常也被称为运动画面。短视频的运镜方式有很多，但在短视频拍摄中常用的有以下几种方式。

（1）拉镜头。拉镜头是指在拍摄对象不动的情况下，将摄像设备匀速远离并向后拉远镜头的拍摄方式。拉镜头能形成视觉后移效果，且取景范围由小变大，周围环境由少变多。拉镜头常被用作结束性或结论性镜头，也可以将拉镜头来作为转场镜头。

（2）推镜头。推镜头是指在拍摄对象不动的情况下，将摄像设备匀速接近并向前推进镜头的拍摄方式。推镜头的功能与拉镜头正好相反，能形成视觉前移效果，且取景范围由大变小，周围环境由多变少。在移动摄像设备的推镜头中，画面焦点要随着机位与拍摄对象之间距离的变化而变化。

（3）摇镜头。摇镜头是指在拍摄设备位置固定的情况下，以该设备为中轴固定点，匀速旋转镜头，拍下周围的环境的拍摄方式。摇镜头类似人转动头部环顾四周或将视线由一点移向另一点的视觉效果。一个完整的摇镜头包括起幅、摇动、落幅3个相互贯连的部分，便于表现运动主体的动态、动势、运动方向和运动轨迹。摇镜头也是视频画面转场的有效手法之一。

（4）移镜头。移镜头是指将摄像设备放置在滑轨或者稳定器上，在移动中"沿水平方向"拍摄对象的拍摄方式。由于摄像设备运动，视频的画面始终处于运动中，拍摄的物体不论处于运动状态还是静止状态，都会呈现出位置不断移动的态势。移镜头能直接调动观众生活中运动的视觉感受，唤起观众在各种交通工具上或行走时的视觉体验，使其产生一种身临其境之感。移镜头在表现大场面、大纵深、多景物、多层次的复杂画面时具有气势恢宏的效果。

（5）跟镜头。跟镜头是指摄像设备始终跟随拍摄主体一起运动的拍摄方式。和移镜头不同，跟镜头的运动方向是不规则的，但是要一直把拍摄主体保持在视频画面中且位置相对稳定。跟镜头既能突出拍摄主体，又能交待其运动方向、速度、形态，以及与环境的关系，在短视频拍摄中有着重要的纪实性意义。

（6）升降镜头。升降镜头是指摄像设备借助升降装置一边升降一边拍摄的方式。升降镜头能为拍摄的视频带来画面视域的扩展和收缩，并由于视点的连续变化形成多角度、多方位的多构图效果。

（7）综合镜头。综合镜头是指摄像设备在一个镜头中把推、拉、摇、移、跟和升降等多种拍摄方式不同程度且有机地结合起来的拍摄方式。综合运动镜头能产生更为复杂多变的视频画面效果，有利于再现现实生活，形成画面形象与音乐一体化的节奏感。

↘ 三、短视频拍摄的景别

景别是指在焦距一定时，因摄影机与被摄体的距离不同，而造成的被摄体在摄影机录像器中所呈现范围大小的区别。景别的划分，一般可分为5种，由近至远依次为特写（指人体肩部以上或物体某一重要细节的画面）、近景（指人体胸部以上或物体小块局部的画面）、中景（指人体膝部以上或者局部场景）、全景（指人体的全部和周围部分环境）、远景（被摄体所处环境）。

（1）特写。特写用于展示被摄主体的细微表情和局部特征（如材质、做工和质量等细节），如图7-1所示。

（2）近景。近景用于展示被摄主体的特征和细节，如图7-2所示。

（3）中景。中景用于展示被摄主体的外形，在突出主体的同时能在一定程度上展示细节，如图7-3所示。

（4）全景。全景用于表现被摄主体的全貌或整体造型，如图7-4所示。

（5）远景。远景指摄像机离被摄主体相对较远，视野开阔，适合远距离拍摄被摄主体，用于造势或表现环境气氛。

图7-1　　　　　　图7-2　　　　　　图7-3　　　　　　图7-4

↘ 四、短视频拍摄的角度和方位

拍摄短视频时，拍摄者可以从多个方位展示商品的全貌，如图7-5所示。常用的拍摄方位有正面、侧面、背面和底部等。正面拍摄能给消费者留下均衡、平稳的印象；侧面拍摄不仅能展示商品的侧面效果，还可以使画面具有一种延伸感和立体感；背面拍摄、底部拍摄展示的细节可能较少，但为了全方位展示商品，不能忽略背面拍摄和底部拍摄。从不同的角度拍摄商品，展示的商品特征也有所差异。常见的拍摄角度有以下3种。

图7-5

（1）俯拍。俯拍适用于拍摄体积比较小、结构比较平面的商品，能更好地展示商品大小，也适合展示商品组合，如图7-6所示。需要注意的是，俯拍较高的商品时，会显得商品上端大、下端小，且整体会显得短小。

图7-6

（2）平拍。平拍更接近肉眼观察事物的视角，能真实地反映商品的外形特征，如图7-7所示。

（3）仰拍。仰拍能突出主体，表现商品的结构特征，使商品更加立体、美观，如图7-8所示，但仰拍会使商品底部显大、顶部显小。

图7-7

图7-8

↘ 五、【课堂案例】——拍摄坚果短视频

某店铺需要拍摄坚果短视频，方便放于主图中宣传，要求该短视频能直观地展示坚果品质，使消费者对坚果实物产生联想，进而提高购买欲。拍摄坚果短视频时，拍摄者可先制作分镜头脚本，然后按照脚本进行短视频的拍摄，其具体操作步骤如下。

步骤01 制作分镜头脚本并布景。先制作分镜头脚本（见表7-1），为了便于直观查看坚果品质，可采用在桌面上布景的方式展示商品。

扫一扫

【课堂案例】——拍摄坚果短视频

表 7-1

镜号	景别	镜头	摄影内容	视频时长 / 秒
1	近景	推镜头	由远到近查看坚果	11
2	近景	移镜头	从左向右拍摄	8
3	近景	摇镜头	拍摄坚果在旋转台上匀速旋转	32
4	特写	摇镜头	在旋转台上拍摄坚果外观	6
5	近景	跟镜头	拍摄坚果掉落效果	3
6	特写	推镜头	拍摄坚果细节	61

共计：2分1秒

步骤02 正面摄影。将坚果摆放在白色桌面上，采用推镜头的方法由远到近地查看坚果品质，效果如图7-9所示。

步骤03 从左向右摄影。以近景从左下方向右上方移镜头拍摄，如图7-10所示。

图7-9　　　　　　　　　　　　　　　图7-10

步骤04 旋转摄影。将坚果放置于旋转台，以摇镜头近景拍摄坚果随旋转台转动。

步骤05 外观摄影。转动旋转台，以特写摇镜头拍摄坚果外观，如图7-11所示。

步骤06 掉落摄影。将器皿换为玻璃碗，采用近景跟镜头拍摄坚果掉落效果以体现品质，效果如图7-12所示。

图7-11　　　　　　　　　　　　　　　图7-12

步骤07 细节摄影。采用推镜头的方式拉近坚果特写拍摄细节，方便查看品质，效果如图7-13所示。

图7-13

课堂练习：拍摄戒指短视频

效果文件：项目七 \ 戒指短视频

重点指数：★ ★

操作思路

拍摄一款钻石戒指时，网店美工需要先制作拍摄脚本，再进行打光、布景，还需要准备一部具有微距镜头的相机。网店美工拍摄时可使用黑色的包装盒将戒指支撑起来，并以暗色的背景反衬钻石的光泽和质感，再拍摄其外观，最后拍摄模特佩戴的效果。

操作提示

制作分镜头脚本，可从近景、特写入手，撰写摄影内容，然后按照脚本准备器材、布景、布光，并按照脚本进行视频的拍摄，最终参考效果如图7-14所示。

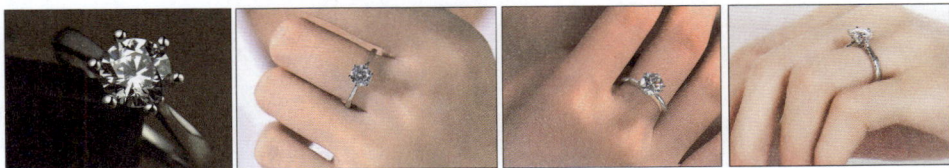

图7-14

任务三　短视频制作

短视频展示比图文展示效果更加直观，能帮助消费者更快了解商品信息，从而打消消费者对商品的疑虑。网店美工在制作短视频前可先了解短视频的制作要求，然后按照制作流程进行短视频的制作，完成后再将其上传。

一、短视频的制作要求

短视频根据展示位置划分，可分为主图短视频和详情页短视频等，不同类型的短视频其制作要求有所不同，如视频大小、尺寸、时长等，掌握短视频的制作要求可避免出现制作的短视频不能使用的情况。

1. 主图短视频要求

主图短视频是指以视频的形式补充主图对商品的展示，通常显示在商品页面的第一张主图之前，如图7-15所示。

（1）主图短视频的大小。主图短视频不超过300MB。

（2）主图短视频的尺寸。建议主图短视频尺寸大于1280像素×720像素，尺寸比例可为1∶1、16∶9或3∶4。

（3）主图短视频的时长。主图短视频的时长小于60秒，建议在30秒以内。

（4）主图短视频的格式。WMV、AVI、MPG、MPEG、3GP、MOV、MP4、FLV、F4V、M2T、MTS、RMVB、VOB、MKV（阿里平台目前仅支持MP4格式）。

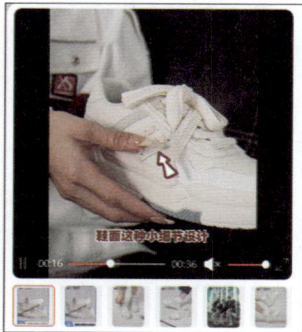

图7-15

（5）主图短视频的内容。主图短视频中需无水印，无二维码，商家Logo不得以角标或水印的形式出现，无"牛皮癣"，无外部网站信息。主图短视频的内容必须与商品相关，不能是纯娱乐或纯搞笑段子，不建议制作电子相册式翻页图片作为主图短视频的内容。

设计经验

短视频中应避免的"牛皮癣"主要指：具有多个文字区域且大面积铺盖画面，干扰消费者正常查看商品；文字区域的颜色过于醒目，且面积过大分散注意力；文字区域在视频的中央，透明度高、面积大、颜色鲜艳，妨碍消费者正常观看的视频。

素养课堂：网店美工应认真学习《中华人民共和国广告法》

《中华人民共和国广告法》（简称《广告法》），是为了规范广告活动、保护消费者的合法权益、促进广告业的健康发展、维护社会经济秩序而制定的法律。网店美工在进行短视频等作品制作时，其制作效果需要符合《广告法》的相关规定，不能因盲目追求销售量而忽略法律法规，其短视频内容要符合大众审美，不能带有色情引导，不能带有地域或性别或职业等歧视内容，不能虚假夸大、博人眼球等。

2. 详情页短视频要求

详情页短视频是指以短视频的形式在详情页中补充商品的展示，通常显示在图片中间，如图7-16所示。

图7-16

（1）详情页短视频大小。详情页短视频不超过300MB。

（2）详情页短视频尺寸。尺寸比例为16：9或4：3，建议详情页短视频尺寸尽量为1280像素×720像素。

（3）详情页短视频时长。1~3分钟。

详情页短视频的内容和格式要求与主图短视频的对应要求相同，这里不再赘述。

二、短视频的制作流程

使用剪映制作短视频，可分为剪辑短视频、保存导出和上传分享3个步骤，网店美工根据该流程进行操作，能快速完成短视频的制作。

1. 剪辑短视频

剪辑短视频是短视频制作的第一步，也是较为关键的一步，包括导入和分割视频素材、美化视频效果、添加字幕和配乐等操作，具体流程可按照自己的习惯而定。

（1）导入和分割。网店美工在剪辑短视频前需要先将要使用的短视频素材导入剪映中。分割是指将一段完整的短视频素材分为多段内容，以便调换视频片段的位置，或删除不需要的视频片段。

（2）美化视频效果。在剪辑短视频的过程中，网店美工还可为短视频添加转场、滤镜、贴纸、视频封面等效果，使短视频视觉效果更加丰富多彩。

（3）添加字幕。制作完短视频主体部分后，网店美工可适当添加字幕以便消费者进一步理解内容。

（4）添加配乐。添加字幕后，网店美工还可根据需要为短视频添加背景音乐或旁白语音等。

2. 保存导出

剪辑短视频完成后，网店美工还需要保存和导出短视频，以防视频文件丢失或损坏。其具体操作为：单击剪映操作界面右上角的 按钮，在打开的对话框中选择短视频导出的基本设置，完成后单击 按钮，稍等片刻即可完成导出操作。

3. 上传分享

完成导出操作后，网店美工可将短视频上传或分享到电商平台中（这里以上传到淘宝平台为例），具体操作为：登录淘宝网，进入千牛工作平台，单击"视频空间"超链接，进入视频编辑页面，单击 按钮，进入"上传视频"页面，单击 按钮，选择需要上传的视频，单击 按钮，完成视频上传。

三、【课堂案例】——制作毛巾主图短视频

"简吉"家纺店铺需要为上新的毛巾制作主图短视频，方便消费者查看和了解毛巾信息，如毛巾的材质、毛巾的使用场景、毛巾的质量等。网店美工在制作时可先分割拍摄的视频，删除多余视频片段，并添加滤镜和转场，增加美观度，其具体操作步骤如下。

步骤01 打开剪辑界面。打开剪映专业版软件，在界面上方单击"开始创作"按钮，如图7-17所示，进入操作界面。

步骤02 导入视频。在左上角单击"导入"按钮，打开"请选择媒体资源"对话框，选择"毛巾1.mp4~毛巾5.mp4"素材文件（配套资源:\素材文件\项目

123

七\毛巾1.mp4~毛巾5.mp4），单击 打开(Q) 按钮，如图7-18所示。

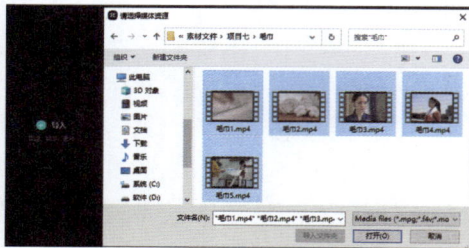

图7-17 图7-18

步骤 03 添加视频。在界面左上角显示了导入的视频，选择全部视频，按住鼠标左键不放将全部视频拖动到"时间轴"面板上，方便编辑视频，如图7-19所示。

步骤 04 分割视频。为了使整个视频更具有逻辑性，可调整视频的排列顺序。在"时间轴"面板上选择"毛巾1"视频，将其拖动到视频素材末尾处。在"时间轴"面板中将时间指示器拖至"00:00:22:03"位置处，单击"分割"按钮，将视频分割为2段，如图7-20所示。

图7-19 图7-20

步骤 05 完成短视频分割。在"时间轴"面板中将时间指示器拖至"00:00:32:12"位置处，按【Ctrl+B】组合键分割短视频，接着依次在"00:00:40:29""00:00:50:13""00:00:56:19""00:01:05:19"位置处分割短视频，完成短视频的分割，如图7-21所示。

步骤 06 删除多余视频片段。按住【Ctrl】键不放，依次选择第2、3、5、7、8、11段视频片段，如图7-22所示。单击"删除"按钮，删除选择的视频，也可按【Delete】键删除。

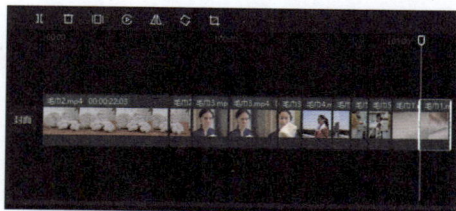

图7-21 图7-22

步骤 07 设置第1段视频时长。选择第1段视频片段，在操作界面上方单击"变速"选项卡，在"时长"数值框中输入"5s"，完成后按【Enter】键，如图7-23所示。

步骤 08 设置第2段视频时长。使用步骤07所示的方法将第2段视频片段的时长设置为"3s"，如图7-24所示，选择剩余视频片段，将视频片段的时长均设置为"2s"。

步骤 09 添加转场。将时间指示器移动到第1段视频片段和第2段视频片段中间，在操作界面左上角单击"转场"选项卡，在左侧的列表中单击"叠化"，在右侧的转场视频中单击 按钮，下载转场，然后单击 按钮，将转场添加到轨道中，如图7-25所示。

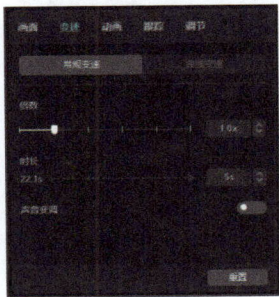
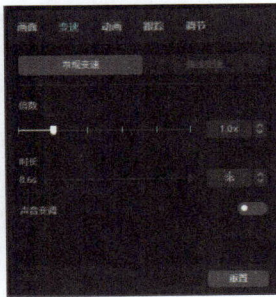
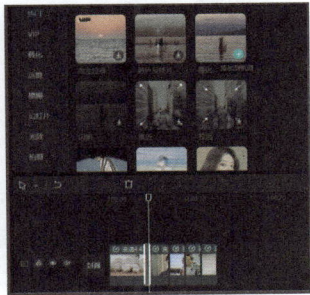

图7-23　　　　　　　　图7-24　　　　　　　　图7-25

步骤 10 设置转场时长。选择转场，在右上角的面板中设置转场时长为"0.5s"，如图7-26所示。

步骤 11 添加其他转场。将时间指示器移动到倒数第1段视频片段和倒数第2段视频片段中间，单击"转场"选项卡，在左侧的列表中单击"模糊"，在右侧的转场视频中单击 按钮，下载转场，然后单击 按钮，将转场添加到轨道中，如图7-27所示。

步骤 12 制作封面。单击 按钮，打开"封面选择"对话框，在对话框下方选择第一张图片作为封面图片，完成后单击 去编辑 按钮，如图7-28所示（若没有合适的图片可单击"本地"选项卡，使用计算机中储存的图片作为封面）。

图7-26　　　　　　　　图7-27　　　　　　　　图7-28

步骤 13 编辑封面。打开"封面设置"对话框，其左侧区域罗列了系统提供的封面样式，这里单击第1排第3种样式，可发现右侧自动显示选择的样式效果，双击蓝色文字部分，修改文字内容为"MEET SOFTNESS"，再双击白色文字，将文字修改为"jian ji"，选择黄色文字，将文字修改为"简吉——遇见柔软"，完成后单击 完成设置 按钮，完成封面设置，如图7-29所示。

步骤 14 设置导出名称和位置。在操作界面右侧单击 导出 按钮，在打开的对话框中设置作品名称，选择导出位置，并单击选中"封面添加至视频片头"复选框，最后单击 导出按钮完成导出操作，如图7-30所示。导出完成后，打开保存文件夹可查看保存的视频和封面图片（配套资源:\效果文件\项目七\毛巾主图短视频），效果如图7-31所示。

图7-29

图7-30

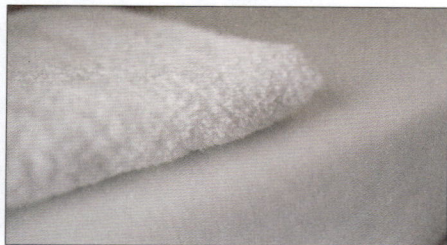

图7-31

四、【课堂案例】——设计大米详情页短视频

某店铺拍摄了一些与大米相关的视频准备用于详情页中，但拍摄的视频存在多余内容，需要先分割并删除多余内容，并在视频中添加文字和音频，其具体操作步骤如下。

步骤 01 导入视频。打开剪映专业版软件，进入操作界面，在左上角单击"导入"按钮 🔵，打开"请选择媒体资源"对话框，选择"1.mp4~8.mp4"素材文件（配套资源:\素材文件\项目七\1.mp4~8.mp4），单击 **打开(O)** 按钮，在界面左上角显示了导出的视频，全选视频，按住鼠标左键不放将视频拖动到"时间轴"面板上，方便进行视频编辑，如图7-32所示。

步骤 02 分割视频。在"时间轴"面板中分别将时间指示器拖至"00:00:04:13""00:00:19:26""00:00:24:09""00:00:40:07""00:00:59:06""00:01:18:26""00:01:49:09"位置处，按【Ctrl+B】组合键分割视频，如图7-33所示。

步骤 03 删除视频片段。按住【Ctrl】键不放，依次选择第2、3、5、7、9、11、15段视频片段，如图7-34所示，按【Delete】键删除。

步骤 04 设置视频时长。选择第一段视频，在操作界面右上角单击"变速"选项卡，在"时长"数值框中输入"3s"，完成后按【Enter】键。使用相同的方法将其他视频片段时长均设置为"3s"，只有最后一个视频片段时长设置为"5s"，如图7-35所示。

图7-32

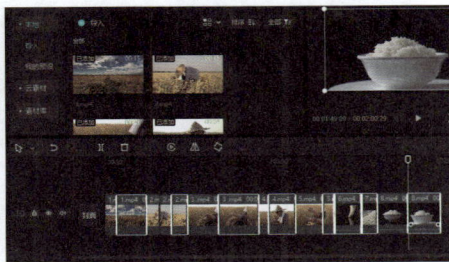

图7-33

图7-34

步骤 05 添加音频。将时间指示器移动到视频片头，在操作界面左上角单击"音频"选项卡，在下方的列表中单击"浪漫的偏执"右侧的 按钮，下载音频，然后单击 按钮，将音频添加到轨道中，如图7-36所示。

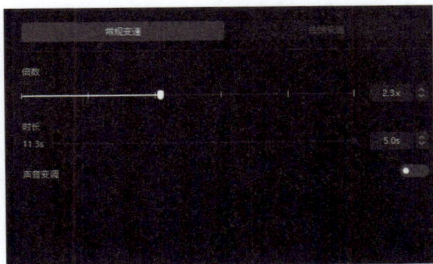

图7-35

图7-36

步骤 06 分割音频。在"时间轴"面板中将时间指示器拖至"00:00:26:00"位置处，按【Ctrl+B】组合键分割音频，如图7-37所示。将自动选择第2段音频，按【Delete】键删除。

步骤 07 选择字体样式。在"时间轴"面板中将时间指示器拖动至视频片头位置处，单击"文本"选项卡，在左侧列表中选择"手写字"选项卡，在右侧列表中单击"奔赴未知 浪漫"字体样式，单击 按钮，将文字添加到轨道中，如图7-38所示。

步骤 08 输入文字。在右侧的"文本"面板中的第1段文本框中输入"来自大自然的"，在第2段文本框中输入"馈赠"，在"位置大小"栏中设置缩放为"80%"，单击 保存预设 按钮，如图7-39所示。

步骤 09 调整文字位置。在"播放器"面板中，拖动文字框到左侧，如图7-40所示。

图7-37

图7-38

图7-39

图7-40

步骤⑩ 添加文字。将时间指示器拖动至"00:00:12:00"位置处，单击"文本"选项卡，在左侧列表中选择"字幕"选项卡，选择右侧列表中第3个字体样式，单击⊕按钮，并在右侧的"文本"面板中的文本框中输入"一年一季 传统农耕"，并将其调整到画面左下角，如图7-41所示。

图7-41

步骤⑪ 添加其他文字。使用相同的方法，在"00:00:17:03"位置处，添加步骤10所示的字体样式，输入"粒粒分明"，再在"00:00:25:06"位置处，输入"香甜味美"，调整其在时间轴上的位置，如图7-42所示。

图7-42

设计经验

在添加字幕时，字幕的大小与样式要根据当前视频的内容与商品所要表达的效果来确定，尽量保证添加的字幕大小适中、颜色协调。

步骤⑫ 导出视频。在操作界面右侧单击 **导出** 按钮，在打开的对话框中设置作品名称，并选择导出位置后，单击 **导出** 按钮完成导出操作。导出完成后，打开保存文件夹可查看保存的视频（配套资源:\效果文件\项目七\大米详情页短视频.mp4），效果如图7-43所示。

图7-43

素养课堂："助农"是促进经济发展的有效方式

"助农"是促进经济发展、民族团结和社会和谐的有效方式。一般在进行农产品店铺的页面、图片、视频设计时，可直接在其中添加"助农"文字，并且可以采用新鲜、安全、健康、自然等词汇凸显商品品质，或是展现出商品的产地、采摘场景等，以此提升消费者的好感度。

五、【课堂案例】——上传主图短视频

完成短视频的制作后，网店美工需要将短视频上传到素材中心，方便发布商品时直接使用，具体操作步骤如下。

步骤01 单击"视频空间"超链接。登录淘宝网，进入千牛工作平台，在"商品"栏右侧的列表中单击"视频空间"超链接，如图7-44所示。

步骤02 单击按钮。进入"视频空间"页面，单击 **上传视频** 按钮，进入"上传视频"页面，在其中显示了视频信息，在"添加视频"栏中单击 ↑ 按钮，如图7-45所示。

扫一扫

【课堂案例】——上传主图短视频

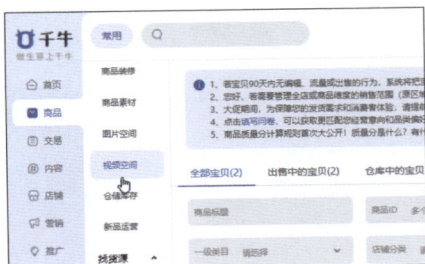

图7-44

图7-45

步骤 03 选择需要上传的视频。打开"打开"对话框，选择"毛巾主图视频.mp4"视频文件（配套资源：效果文件\项目七\毛巾主图视频.mp4），单击 打开(O) 按钮，如图7-46所示。

步骤 04 设置标题并选择视频封面。稍等片刻，即可发现视频上传成功，在"文本输入"栏中输入"毛巾主图视频——遇见柔软"，另外页面下方将显示从视频中获取的一些画面，可直接用作封面，完成视频的上传，如图7-47所示。

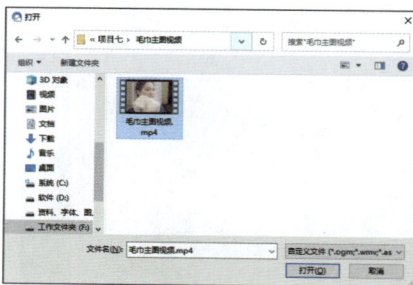

图7-46

图7-47

步骤 05 上传视频。上传视频后单击 立即发布 按钮可完成视频的上传操作。

课堂练习：制作草莓主图短视频

素材文件：项目七\草莓视频.mp4

效果文件：项目七\草莓主图短视频.mp4

重点指数：★★★★

扫一扫

微课视频

操作思路

　　近年来，"助农"一直是人们讨论的热门话题，某店铺准备上架某山区种植的草莓，需要制作主图短视频以促进该山区草莓的销售，起到"助农"的作用。在进行短视频制作时，可在短视频中展现草莓鲜嫩、多汁的特点，以达到促进销售的目的。

操作提示

　　导入提供的素材，分割短视频，并删除多余的视频片段；添加店铺名称文字，起到宣传店铺的作用；添加结尾文字，最终参考效果如图7-48所示。

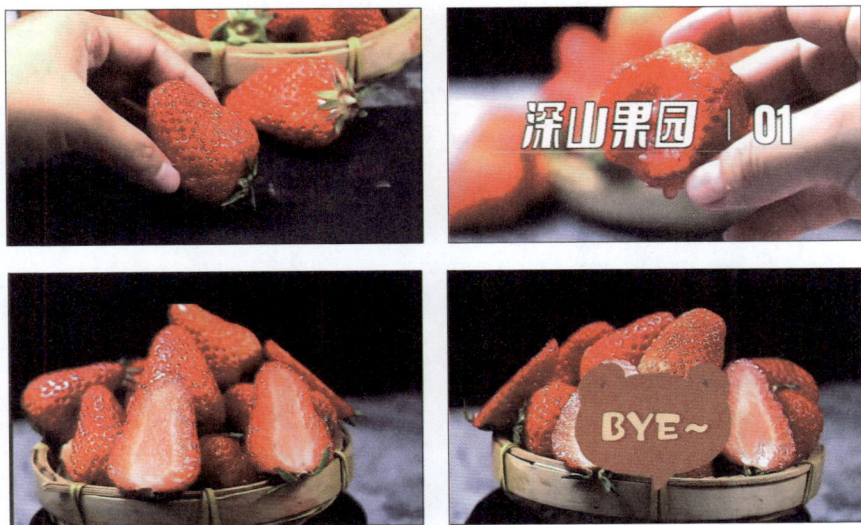

图7-48

思考与练习

一、单选题

1. 在拍摄对象不动的情况下，将摄像设备匀速远离并向后拉远镜头的拍摄方式是（　　）。

    A. 拉镜头　　　　B. 推镜头　　　　C. 摇镜头　　　　D. 平拉镜头

2. 主图短视频的大小是（　　）。

    A. 不超过300MB　　　　　　　　B. 不超过500MB

    C. 不超过800MB　　　　　　　　D. 不超过1000MB

3. 主图短视频时长应小于（　　）。

    A. 10秒　　　　B. 30秒　　　　C. 60秒　　　　D. 90秒

二、填空题

1. 短视频的特征可以用_____、_____、_____形容。

2. _____用于表现被摄主体的全貌或整体造型。

3. 详情页短视频大小建议不超过_____。

三、简答题

1. 简述主图短视频的制作要求。

2. 简述商品拍摄流程。

3. 简述详情页短视频的制作要求。

四、实训题

1. 拍摄汤圆主图视频，要求拍摄汤圆的制作原料，展示汤圆的制作方法，以及制作完成后的效果（配套资源:\效果文件\项目七\手工汤圆短视频.mp4）。

2. 制作果蔬面粉的主图短视频，要求使用提供的素材（配套资源:素材文件\项目七\果蔬面粉）进行制作，在制作时要体现出面粉的使用场景，并通过文字介绍体现面粉的卖点，然后添加音乐，增加视听感观，参考效果如图7-49所示（配套资源:\效果文件\项目七\果蔬面粉主图短视频.mp4）。

图7-49

项目八

设计与制作移动端页面

内容导读

随着互联网的发展，更便携的移动端软件成为人们网上购物的主要途径。淘宝App、天猫App、京东App、拼多多App等针对移动端的购物软件迅速发展壮大，其流量已远超PC端（电脑端），因此，针对移动端进行网店设计也已成为网店美工必不可少的工作技能。

知识目标

- 掌握设计与制作移动端店铺首页的方法。
- 掌握设计与制作移动端商品详情页的方法。

技能目标

- 能够独立完成陶瓷店铺移动端首页的制作。
- 能够独立完成茶杯移动端商品详情页的制作。

素养目标

- 加强对市场发展趋势的了解，培养对设计趋势的敏感度。
- 提升对移动端页面的设计能力。

任务一 设计与制作移动端店铺首页

移动端店铺首页与PC端店铺首页的作用相同，都需要展示品牌形象，方便消费者浏览热销商品，促进商品的成交。网店美工在设计前可先了解移动端店铺首页的组成，并了解设计注意事项，再进行设计。

一、移动端店铺首页的组成

移动端店铺首页和PC端店铺首页一样，也是由不同的模块组合而成的，这里以淘宝网移动端为例来介绍移动端店铺首页各个组成模块，如图8-1所示。

图8-1

（1）轮播图海报。轮播图海报模块的宽度为1200像素，高度为600~2000像素，一般用于宣传店铺活动、店铺商品和店铺形象等。此模块中最多可以添加4张轮播图，也可根据需要只添加1张图片，支持JPG和PNG格式。

（2）单图海报。单图海报模块的宽度为1200像素，高度为120~2000像素，支持JPG和PNG格式，大小不超过2MB，一般用于展现单个商品、宣传形象等。

（3）优惠券。优惠券具有醒目、清晰、互动性强的特点，并具有分隔空间、活跃页面的作用。网店美工可以使用上文下图、左文右图等构图方式进行制作。

（4）商品分类。商品分类主要针对商品类目较多的店铺，用于展示店铺商品的不同类目，其作用与PC端的导航条类似，但为了迎合消费者追求快捷方便的心理，移动端商品分类的设计应尽量简洁，并且还要让消费者直观地看到商品。

（5）商品推荐区。商品推荐区用于展现热卖商品和店铺推荐商品，在设计该模块时既可采用单个商品依次展现的方式，也可按照类目的顺序依次对不同类目的热销商品进行展现，以提升消费者浏览的舒适感。

↘ 二、移动端店铺首页的设计注意事项

移动端店铺首页比PC端店铺首页对店铺的影响更大，但受到移动端设备屏幕大小的限制，移动端店铺首页能承载的信息有限，所以网店美工在设计移动端店铺首页时，还需特别注意以下3个方面。

（1）注重习惯性与舒适性。网店美工应从消费者的购物习惯出发，图片的清晰度和大小都要适应移动设备，以大图为主，图片分类要清晰明确，搭配颜色要合理，商品的细节展示要清晰、美观，浏览时要给人舒适的感觉。

（2）合理控制页面的长度。由于移动设备体型狭长，消费者在浏览时一般会按照自上而下的顺序浏览，此时页面内的信息不必太多，一般以6屏为佳。

（3）与PC端的视觉统一。移动端的内容与PC端的内容应相互呼应，具有相通的视觉符号，从而提高店铺品牌的关联度。

↘ 三、【课堂案例】——制作陶瓷店铺移动端首页

"萍洁"是一家经营水杯、茶壶、茶杯等陶瓷器具的店铺，现在需要对该店铺的移动端首页进行制作。要求整个首页由单图海报、优惠券、商品分类、商品推荐区组成，在制作时要求页面宽度为1200像素，高度不限，整个风格要具备简约时尚感。

扫一扫

制作单图海报

1. 制作单图海报

步骤 01 新建文件。新建大小为"1200像素×7500像素"、分辨率为"72像素/英寸"、名为"陶瓷店铺移动端首页"的文件。

步骤 02 制作海报背景。选择"矩形工具" ▢，设置填充颜色为"#000000"，在文件的顶部绘制大小为"1200像素×1600像素"的矩形。打开"首页图片1.png"素材文件（配套资源:\素材文件\项目八\首页图片1.png），将该素材拖动到首页文件中使其铺满整个矩形，按【Ctrl+Alt+G】组合键创建剪贴蒙版，如图8-2所示。

步骤 03 输入文字。选择"横排文字工具" T，设置字体为"思源黑体 CN"，字体颜色为"#753e1f"，输入"24h保温一整天　木柄陶瓷内胆保温壶"，调整文字的大小、位置和字距，选择"24h保温"，设置字体样式为"Bold"，其他文字的字体样式为"Regular"，如图8-3所示。

步骤 04 绘制矩形并输入"点击查看"。选择"矩形工具" ▢，设置填充颜色为"#753e1f"，绘制大小为"410像素×70像素"的矩形，选择"横排文字工具" T，设置字体为"思源黑体 CN"，字体颜色为"#e0b77f"，输入"点击查看>>"，调整文字的大小、位置，完成单图海报的制作，如图8-4所示。

图8-2　　　　　　　　　　　图8-3　　　　　　　　　　　图8-4

2. 制作优惠券

步骤 **01** 绘制矩形。选择"矩形工具" ，设置填充颜色为"#b07f79"，在单图海报左下侧绘制大小为"350像素×500像素"的矩形，如图8-5所示。

步骤 **02** 绘制椭圆并输入文字。选择"椭圆工具" ，取消填充，设置描边宽度为"3点"，设置描边颜色为"#ffffff"，按【Shift】键不放，在矩形右侧绘制大小为"435像素×435像素"的正圆；使用"横排文字工具" 在圆中输入"券"，设置字体为"黑体"，文字大小为"250点"，字体颜色为"#ffffff"，如图8-6所示。

扫一扫

制作优惠券

步骤 **03** 合并图层并调整不透明度。按【Ctrl+E】组合键合并圆和文本图层，并在合并后的图层上单击鼠标右键，在弹出的快捷菜单中选择【创建剪贴蒙版】命令，将其裁剪到矩形中，设置该图层不透明度为"15%"，如图8-7所示。

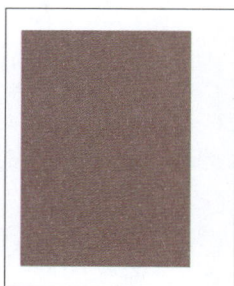

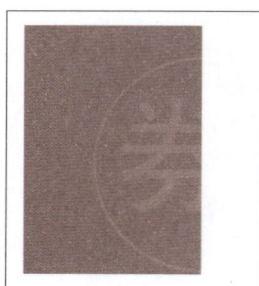

图8-5　　　　　　　　　　　图8-6　　　　　　　　　　　图8-7

步骤 **04** 输入文字并调整文字的大小。选择"横排文字工具" ，设置字体为"方正粗宋简体"，字体颜色为"#ffffff"，输入图8-8所示文字，调整文字的大小和位置。

步骤 **05** 绘制圆角矩形。选择"圆角矩形工具" ，设置半径为"20像素"，填充颜色为"#fdc823"，取消描边，在"点击领取"文字下方绘制大小为"190像素×45像素"的圆角矩形，如图8-9所示。

步骤 06 添加投影。双击圆角矩形所在图层右侧空白区域，打开"图层样式"对话框，单击选中"投影"复选框，设置颜色、不透明度、距离、大小分别为"#090204""64%""9像素""13像素"，单击 确定 按钮，如图8-10所示。

  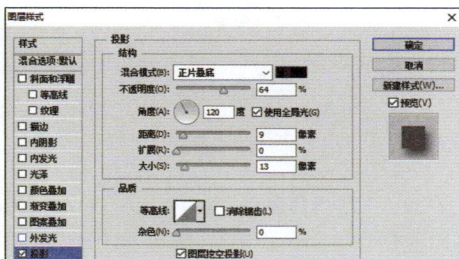

图8-8　　　　　　　　图8-9　　　　　　　　　　　　　图8-10

步骤 07 绘制矩形并复制优惠券。选择"矩形工具" ，设置填充颜色为"#ffffff"，在"元"文字下方绘制大小为"75像素×6像素"的矩形。全选优惠券涉及的图层，按【Ctrl+G】组合键将其放置到新建的组中，按两次【Ctrl+J】组合键复制组，并依次调整复制组的位置，如图8-11所示。

步骤 08 完成优惠券的制作。修改文字内容和背景矩形颜色，完成其他优惠券的制作，效果如图8-12所示。

图8-11　　　　　　　　　　　　　　图8-12

3. 制作商品分类

步骤 01 输入文字并绘制矩形。选择"横排文字工具" ，设置字体为"思源黑体 CN"，字体颜色为"#753e1f"，输入"店铺类目/CLASS"，调整文字的大小和位置，选择"矩形工具" ，设置填充颜色为"#b07f79"，在文字的下方分别绘制4个大小为"500像素×600像素"的矩形，如图8-13所示。

扫一扫

制作商品分类

步骤 02 添加素材。打开"首页图片2.png~首页图片5.png"素材文件（配套资源:\素材文件\项目八\首页图片2.png~首页图片5.png），依次将素材拖动到步骤01绘制的矩形上方，并调整素材的大小、位置，然后创建剪贴蒙版，效果如图8-14所示。

步骤 03 绘制矩形。选择"矩形工具" ，设置填充颜色为"#c5c4a8"，在矩形上绘制大小为"430像素×120像素"的矩形，并设置图层不透明度为"80%"，如图8-15所示。

图8-13

图8-14

图8-15

步骤 04 绘制矩形框。再次选择"矩形工具" ，取消填充，设置描边颜色为"#ffffff"，描边宽度为"3点"，在矩形的上方绘制大小为"378像素×80像素"的矩形框，如图8-16所示。

步骤 05 复制矩形与矩形框。按住【Ctrl】键不放，依次选择步骤03和步骤04绘制的矩形和矩形框，按住【Alt】键不放，依次向右和向下拖动，复制3次矩形和矩形框，如图8-17所示。

步骤 06 输入文字。选择"横排文字工具" ，设置字体为"思源黑体 CN"，字体颜色为"#ffffff"，输入文字，调整文字的大小和位置，完成商品分类的制作，如图8-18所示。

图8-16

图8-17

图8-18

4. 制作商品推荐区

步骤 01 制作商品推荐区标题部分。选择"矩形工具" ，设置填充颜色为"#c6dad1"，在商品分类的下方绘制大小为"1200像素×430像素"的矩形。打开"首页图片2.png"素材文件（配套资源：\素材文件\项目八\首页图片2.png），将其拖动到绘制的矩形上方调整素材的大小和位置，并创建剪贴蒙版。选择"横排文字工具" ，设置字体为"思源黑体 CN"，字体颜色为"#ffffff"，输入文字，调整文字的大小和位置，如图8-19所示。

步骤 02 绘制圆角矩形并添加素材。选择"圆角矩形工具" ，在圆角矩形的下方绘制2个大小为"1100像素×700像素"的圆角矩形，并设置填充颜色为"#ffffff"，描边颜色为"#8ac3c5"，描边宽

扫一扫

制作商品推荐区

图8-19

度为"10点"，半径为"50像素"。打开"首页图片6.png""首页图片7.png"素材文件（配套资源:\素材文件\项目八\首页图片6.png、首页图片7.png），将其依次拖动到圆角矩形内，调整素材的位置和大小，如图8-20所示。

步骤 03 输入文字。选择"横排文字工具" T ，在圆角矩形的右侧输入如图8-21所示的文字，在工具属性栏中设置字体为"思源黑体 CN"，调整文字的大小、颜色和位置。

步骤 04 绘制矩形并修改字体颜色。选择"矩形工具" □ ，在"一壶二杯便携收纳""手绘系列小茶杯"和"立即购买"文字的下方绘制矩形，并设置填充颜色为"#3b8f8c"，然后修改矩形上方字体颜色为"#ffffff"，再将"¥109""¥19.9"的字体颜色修改为"#da172a"，如图8-22所示。

图8-20

图8-21

图8-22

步骤 05 绘制4个圆角矩形。选择"圆角矩形工具" □ ，在工具属性栏中取消填充，并设置描边颜色为"#fde700"，描边宽度为"10点"，半径为"50像素"，在圆角矩形的下方绘制4个"525像素 ×665 像素"的圆角矩形，如图8-23所示。

步骤 06 添加素材。打开"首页图片8.png~首页图片11.png"素材文件（配套资源:\素材文件\项目八\首页图片8.png~首页图片11.png），将其依次拖动到步骤05绘制的圆角矩形内，调整素材的位置和大小，如图8-24所示。

步骤 07 输入文字。选择"横排文字工具" T ，在圆角矩形下方输入图8-25所示的文字，在工具属性栏中设置字体为"汉仪书魂体简"，调整文字的大小、颜色和位置。

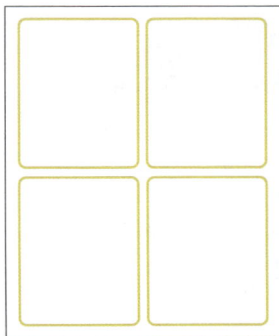
图8-23

图8-24

图8-25

步骤 08 绘制直线。选择"直线工具" ，绘制4条大小为"340像素×5像素"的直线，并设置填充颜色为"#a9a7a7"，如图8-26所示。

步骤 09 绘制圆角矩形。选择"圆角矩形工具" ，在4处"了解详情>"文字的下方绘制大小为"192像素×62像素"的圆角矩形，并设置填充颜色为"#fde700"，如图8-27所示。

步骤 10 制作"返回顶部"按钮。选择"圆角矩形工具" ，在文件的下方绘制大小为"631像素×160像素"的圆角矩形，并设置填充颜色为"#fde600"。选择"横排文字工具" ，在矩形上方输入"返回顶部""》"，在工具属性栏中设置字体为"汉仪书魂体简"，字体颜色为"3b8f8c"，调整文字的大小、颜色和位置，并适当旋转"》"，如图8-28所示。

图8-26 　　　　　　　　　　图8-27 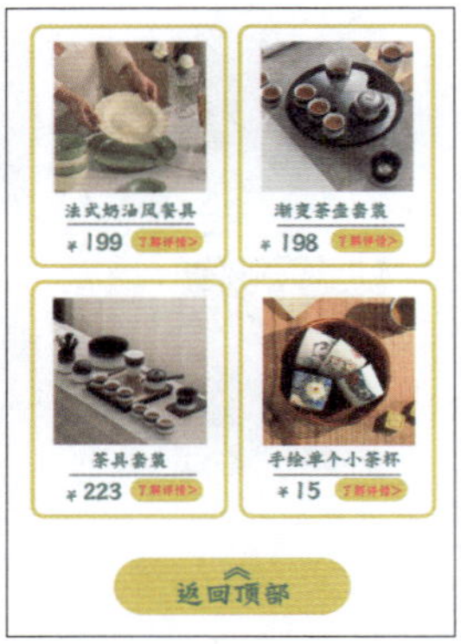　　　　　　　　　　图8-28

步骤 11 保存图像和文件。完成后保存图像和文件，并查看完成后的效果（配套资源:效果文件\项目八\陶瓷店铺移动端首页.jpg、陶瓷店铺移动端首页.psd），如图8-29所示。

图8-29

素养课堂：弘扬民俗文化，运用民俗设计

　　人们对美的追求也体现在民俗文化中，网店美工在设计网店页面时，可以挖掘其中的民俗文化元素，以民俗相关的工艺、风俗、场景等作为设计点，可以设计出具有民俗文化风格的作品，从而弘扬民俗文化。

课堂练习：制作家具网店移动端首页

素材文件：项目八＼家具网店移动端首页素材.psd
效果文件：项目八＼家具网店移动端首页.psd
重点指数：★★★★

扫一扫

微课视频

操作思路

　　在制作时为了使整个店铺首页具有清新、自然的风格，配色可采用白色和蓝色。在结构上，网店美工可以将首页分为单图海报、优惠券、商品分类、推荐商品4个部分，然后依次设计各个部分。

操作提示

　　依次添加提供的素材；对各个部分输入文字，并在重要文字内容的下方绘制不同颜色的矩形；保存文件，查看完成后的效果如图8-30所示。

图8-30

任务二　设计与制作移动端商品详情页

移动端商品详情页的质量对商品的销售有着至关重要的影响。网店美工在制作移动端商品详情页前，需要先了解移动端商品详情页的特征和设计要点，然后再进行设计。

↘ 一、移动端商品详情页的特征

通过分析移动端与PC端的差异，以及移动端购物的特点，网店美工总结出移动端商品详情页总体上包括以下4个特征。

（1）卖点更加精练。移动端商品详情页的内容可以参照PC端的商品详情页的内容，但是由于受尺寸的影响，移动端商品详情页会让消费者的视线更加集中，并且由于消费者在页面的停留时间较短，因此移动端商品详情页内的卖点应该更加精练。

（2）场景更加丰富。由于移动端的消费者可以在多种场景内进行购物，如室内、室外等。因此，网店美工在移动端商品详情页中添加多种使用场景可以使其更加贴近生活，加深消费者对商品的了解。

（3）页面切换不便。消费者在浏览PC端商品详情页时可以很方便地通过页面中的文字或按钮切换页面，而使用移动端切换商品详情页面时不是很方便，因此移动端商品详情页中的图片以及图片上的引导文字一定要清晰并且具有吸引力，能够快速吸引消费者的注意力并刺激其产生购买行为。

（4）页面文件的大小更小。在PC端浏览页面平均需要消耗9MB流量，因此，网店美工若直接将PC端商品详情页转化为移动端商品详情页，将导致页面加载缓慢，耗费更多的流量。所以，移动端商品详情页文件的大小应更小。

↘ 二、移动端商品详情页的设计要点

网店美工在设计移动端商品详情页时，需要注意以下3大要点。

（1）图片设计要点。图片的体积不能太大，否则容易出现加载缓慢的问题，影响消费者的购物体验，网店美工应在保证图片清晰的同时压缩图片；细节图不能太小，尽量保证清晰，让消费者能够看见细节详情，产生购买欲望。

（2）文字设计要点。文字不能过小或过密，否则会让移动端消费者不能很好地接收商品信息，导致信息获取不准确。

（3）内容设计要点。想要重点突出商品，网店美工就要合理控制内容，省略一些无关紧要的内容，一般要对商品的卖点和重要信息进行清晰的描述。

↘ 三、【课堂案例】——制作茶杯移动端商品详情页

"萍洁"准备对上新的陶瓷茶杯设计商品详情页，用于吸引消费者。由于该茶杯比较简洁、通透，为了使商品详情页的整体效果与商品风格统一，网店美工在风格选择上以简洁为主，搭配说明文字起到宣传商品的作用。整个商品详情页分为焦点图、商品展示区、商品信息区、服务保障区4个部分。

1. 制作焦点图

步骤 01 新建文件。新建大小为"750像素×10000像素"、分辨率为"72像素/英寸"、名称为"茶杯移动端商品详情页"的文件。

步骤 02 添加素材。打开"商品1.png"素材文件（配套资源:素材文件\项目八\商品1.png），将素材拖动到详情页文件中并调整素材的大小和位置，如图8-31所示。

扫一扫

制作焦点图

步骤 03 输入文字。选择"横排文字工具" T，输入"宁静·志远""描边盖碗系列"，设置其字体、字体颜色、字体样式分别为"思源黑体CN""#000000""Bold"，调整文字的大小和位置。继续输入其他文字，设置字体样式为"Medium"，如图8-32所示。

步骤 04 绘制直线。选择"直线工具" ∕，在英文文字上方绘制大小为"100像素×5像素"的直线，并设置填充颜色为"#000000"，完成焦点图的制作，如图8-33所示。

图8-31　　　　　　　　　　图8-32　　　　　　　　　　图8-33

2. 制作商品展示图

步骤 01 添加素材并绘制圆角矩形。打开"商品2.png"素材文件（配套资源:素材文件\项目八\商品2.png），将素材拖动到详情页文件中并调整素材的大小和位置，选择"圆角矩形工具" ▢，在添加素材的上方绘制大小为"200像素×30像素"的圆角矩形，并设置填充颜色为"#a9a7a7"，半径为"50像素"，如图8-34所示。

扫一扫

制作商品展示图

步骤 02 输入文字。选择"横排文字工具" T，输入"TECHNOLOGY""精致工艺"，设置字体、字体颜色分别为"思源黑体CN""#000000"，调整文字的大小、位置和字体样式；选择"直排文字工具" ⫯T，输入"优雅茶事""品味生活"，设置字体、字体颜色分别为"思源黑体CN""#313030"，调整文字的大小、位置和字体样式，如图8-35所示。

步骤 03 添加素材并输入文字。打开"商品3.png"素材文件（配套资源:素材文件\项目八\商品3.png），将素材拖动到详情页文件中并调整素材的大小和位置。选择"横排文字工具" T，输入"手工描边""手工蓝线描边，彰显品味"，设置字体、字体颜色分别为"思源黑体 CN""#000000"，调整文字的大小、位置和字体样式，如图8-36所示。

图8-34

图8-35

图8-36

步骤 04 添加其他素材文字。使用步骤03所示的方法，打开"商品4.png~商品7.png"素材文件（配套资源:素材文件\项目八\商品4.png～商品7.png），将素材拖动到详情页文件中并调整素材的大小和位置。选择"横排文字工具" T，输入文字，设置字体为"思源黑体 CN"，调整文字的大小、位置、字体样式和颜色，如图8-37所示。

图8-37

3. 制作商品信息区

步骤01 复制文字并绘制直线。选择"精致工艺"的中文、英文和下方的圆角矩形，按住【Alt】键不放向下拖动复制，并将文字内容修改为"产品信息""INFORMATION"。选择"直线工具"✐，在文字下方绘制5条大小为"670像素×3像素"的直线，并设置填充颜色为"#a9a7a7"，如图8-38所示。

步骤02 输入文字。选择"横排文字工具"T，输入文字，设置字体为"思源黑体 CN"，调整文字的大小、位置、字体样式和颜色，如图8-39所示。

步骤03 添加素材。打开"商品8.png"素材文件（配套资源:素材文件\项目八\商品8.png），将素材拖动到图像中并调整素材的大小和位置，如图8-40所示。

扫一扫
制作商品信息区

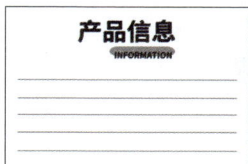

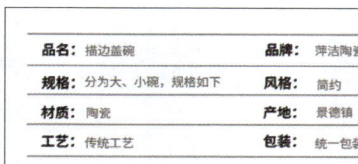

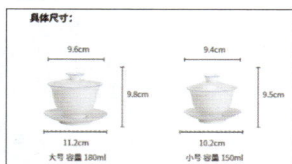

图8-38　　　　　　图8-39　　　　　　图8-40

4. 制作服务保障区

步骤01 复制文字并绘制圆角矩形。选择"产品信息"的中文、英文和下方的圆角矩形，按住【Alt】键不放向下拖动，并将文字内容修改为"服务保障""SERVE"。选择"圆角矩形工具"▢，在文字下方绘制3个大小为"703像素×106像素"的圆角矩形，并设置填充颜色为"#a9a7a7"，半径为"50像素"，如图8-41所示。

步骤02 输入文字。使用"横排文字工具"T输入文字，设置字体、字体颜色分别为"思源黑体 CN""#000000"，调整文字的大小和位置，如图8-42所示。

步骤03 输入其他文字。选择"横排文字工具"T，输入文字，设置字体、字体颜色分别为"思源黑体 CN""#ffffff"，调整文字的大小和位置，如图8-43所示。

扫一扫
制作服务保障区

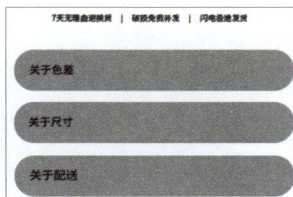

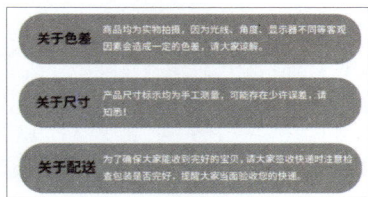

图8-41　　　　　　图8-42　　　　　　图8-43

步骤04 保存图像和文件。完成后保存图像和文件，并查看完成后的效果（配套资源:效果文件\项目八\茶杯移动端商品详情页.jpg、茶杯移动端商品详情页.psd），如图8-44所示。

图8-44

课堂练习：制作莲子移动端详情页

扫一扫

素材文件：项目八\莲子移动端详情页素材.psd

效果文件：项目八\莲子移动端详情页.psd

重点指数：★★★

微课视频

操作思路

    整个商品详情页需要体现莲子的品质，如纯天然、营养美味、安全等，在设计时可先添加素材，然后输入文字，通过图片与文字的组合让整个商品详情页更加美观。

操作提示

添加提供的素材；依次输入文字；对重要文字绘制圆角矩形；设计时可单独制作模块，避免效果不够美观，最终参考效果如图8-45所示。

图8-45

思考与练习

一、单选题

1. 单图海报模块的宽度为（　　　　）。
    A. 790像素　　　　B. 1000像素　　　　C. 1200像素　　　　D. 1260像素
2. 轮播图海报模块的高度为（　　　　）。
    A. 600像素　　　　　　　　　　　　　B. 2000像素
    C. 600～1000像素　　　　　　　　　D. 600～2000像素
3. 下列选项中，不属于移动端店铺首页的设计注意事项的是（　　　　）。
    A. 注重习惯性与舒适性　　　　　　　B. 合理控制页面的长度
    C. 与PC端的视觉统一　　　　　　　　D. 与PC端内容相同

二、填空题

1. 移动端店铺首页内的信息不必太多，一般以_____屏为佳。
2. 网店美工在进行优惠券制作时，可以使用_____、_____等构图方式来进行制作。
3. _____主要针对商品类目较多的店铺，用于展示店铺商品的不同类目。

三、简答题

1. 移动端首页是由哪些模块组成的？
2. 移动端商品详情页具有哪些特征？
3. 陶瓷移动端商品详情页由哪些部分组成？

四、实训题

1. 某零食店铺为了提升店铺流量，准备设计移动端首页，要求利用提供的素材（配套资源:素材文件\项目八\零食.psd）进行制作。网店美工在制作时可采用红色作为店铺的主色，分别对店铺的轮播图海报、优惠券、分类展示、商品展示进行视觉设计（配套资源:效果文件\项目八\零食店铺移动端首页.psd）。

2. 某水果店铺准备对上新的水蜜桃制作移动端商品详情页，要求利用提供的素材（配套资源:素材文件\项目八\水蜜桃移动端商品详情页素材.psd）进行制作。在制作时，网店美工可先制作水蜜桃焦点图，再根据商品内容制作水蜜桃详细介绍的内容（配套资源:效果文件\项目八\水蜜桃移动端商品详情页.psd）。

项目九

装修店铺

内容导读

　　完成店铺首页与商品详情页的设计后，网店美工需要进行店铺的装修。在装修前，网店美工需先将页面切片成较小的图片，然后上传到图片空间中，并依次对店铺页面的各个模块进行装修。

知识目标

- 掌握图片切片与上传的方法。
- 掌握装修PC端店铺首页的方法。
- 掌握装修移动端店铺首页的方法。
- 掌握上传商品详情页的方法。

技能目标

- 能够独立完成毛巾店铺首页的切片与上传。
- 能够独立使用模块装修PC端店铺首页。
- 能够独立使用模块装修移动端店铺首页。
- 能够独立上传商品详情页。

素养目标

- 培养耐心细致的工作态度。
- 提高装修网店各个页面的能力。

任务一 图片切片与上传

　　网店美工在装修店铺前，需要先将图片上传到图片空间中，而图片空间对上传的图片大小有一定的要求，因此在将图片上传到图片空间操作前，网店美工需要先对这些图片进行切片操作，使图片尺寸变小，方便后期调用图片。

↘ 一、图片切片的技巧

　　网店美工在前期进行各个页面制作时，为了统一效果，一般会将整个页面设计在一个文件中，这就造成了图片尺寸过大的情况，超出图片空间上传要求，使用Photoshop的切片工具，可以将一张图片分割成若干张不同的小图，使图片尺寸变小。网店美工在进行切片操作时，为了保证切片合理、位置精确，需要掌握一定的技巧。

　　（1）依靠参考线。通过拖动标尺为图片创建切片的参考线，网店美工在切片时，基于参考线创建的切片区域比直接手绘的切片区域更精确。

　　（2）切片完整性。网店美工在切片时应尽量保证同一个内容的完整性，以免因操作或网速问题造成图片不能完整地被呈现出来。

　　（3）切片存储的格式。网店美工在存储切片时，可单独为各个切片设置存储格式，一般情况下，色彩丰富、尺寸较大的切片，选用JPEG格式（也叫JPG格式）存储；尺寸较小、色彩单一和背景透明的切片，选用GIF或PNG-8格式存储；半透明、不规则以及圆角的切片，选用PNG-24格式存储。

↘ 二、【课堂案例】——家纺店铺首页切片与上传

　　"简吉"家纺店铺决定装修首页，在装修前需要先对首页进行切片操作，并上传到图片空间，方便后期进行装修，其具体操作步骤如下。

扫一扫

【课堂案例】——家纺店铺首页切片与上传

步骤 01 打开素材文件。打开"'简吉'家纺店铺首页.jpg"素材文件（配套资源:素材\项目九\"简吉"家纺店铺首页.jpg）。

步骤 02 添加参考线。选择【视图】/【标尺】命令，或按【Ctrl+R】组合键显示标尺，在顶端的标尺上按住鼠标左键不放，向下拖动到需要添加参考线的区域，然后使用相同的方法在其他区域添加参考线，如图9-1所示。

步骤 03 完成切片。在工具箱中的"裁剪工具" ◢ 上按住鼠标左键不放，在打开的工具组中选择"切片工具" ◢，在工具属性栏中单击 基于参考线的切片 按钮，图像将基于参考线分成多个板块，如图9-2所示。

📢 ——设计经验 ——

　　切片图像时，切片成功的图片将以蓝色的框进行显示，每个框左上角都标注了切片的数字号。若切片左上角显示为灰色，表示该切片不能储存起来，需要重新切割。

步骤 04 存储切片。按【Alt+Ctrl+Shift+S】组合键打开"存储为Web所用格式"对话框，在右侧选择优化的文件格式为"JPEG"，设置文件的品质、图像大小等参数，单击

存储... 按钮，在打开的对话框中选择保存格式为"HTML和图像"，设置保存位置与保存名称，单击 保存(S) 按钮储存切片，如图9-3所示。

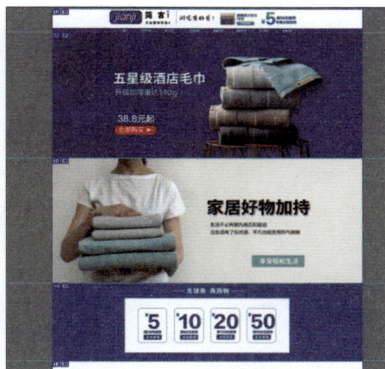

图9-1　　　　　　　　　　　　　　　　图9-2

步骤 05 查看保存效果。在保存路径下查看保存效果，可以看到一个HTML网页文件，以及一个名为images的文件夹，如图9-4所示（配套资源:效果文件\项目九\images、"简吉"家纺店铺首页.html），其中images文件夹中包含了所有创建的切片。

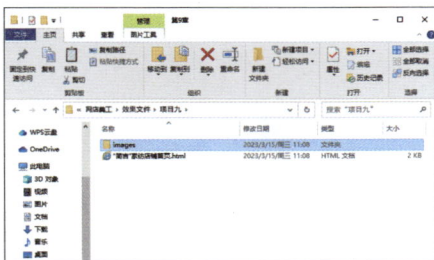

图9-3　　　　　　　　　　　　　　　　图9-4

步骤 06 单击"图片空间"超链接。登录淘宝网，单击"千牛卖家中心"超链接，进入千牛工作平台，在左侧列表中单击"商品"选项卡，然后在右侧的列表中单击"图片空间"超链接，如图9-5所示。

步骤 07 单击"上传"超链接。在右侧打开"图片空间"页面，在页面上方单击 上传文件 按钮，打开"上传图片"对话框，单击 上传 按钮，如图9-6所示。

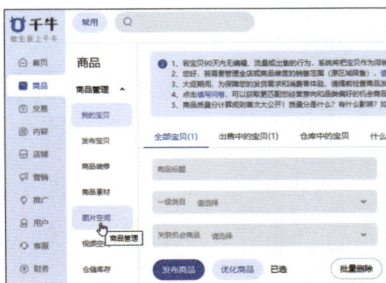

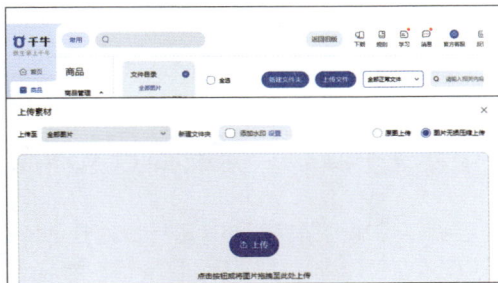

图9-5　　　　　　　　　　　　　　　　图9-6

步骤 08 选择上传的商品图片。打开"打开"对话框，选择需要上传的商品图片（配套资源:效果文件\项目九\images），按【Ctrl+A】组合键全选图片，单击 打开(O) 按钮，如图9-7所示。

步骤 09 完成上传。此时将打开图片上传提示对话框，并显示图片上传进度，上传完成后，单击 确定 按钮关闭提示窗口，在图片空间查看上传的图片，如图9-8所示。

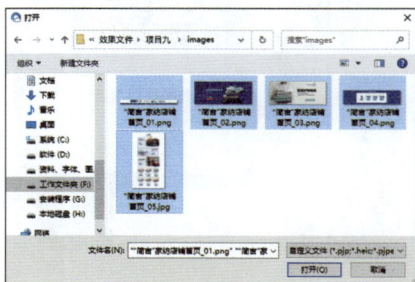

图9-7

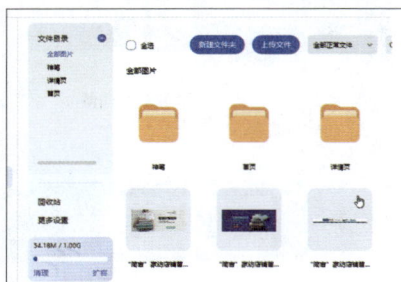

图9-8

课堂练习：中秋活动页切片与上传

素材文件：项目九 \ 中秋活动页 .jpg
重点指数：★★★★

扫一扫

微课视频

操作思路

先对整个活动页添加参考线，添加的参考线要按照各个模块进行添加，方便后期装修，然后依照参考线进行切片并保存切片内容，最后将切片一并上传到图片空间。

操作提示

按照中秋活动页的页面内容进行切片操作；保存切片内容；将切片内容上传到图片空间。

任务二 装修PC端店铺首页

当对PC端店铺首页图片进行切片并上传到图片空间后，便可进行网店首页的装修，网店美工在装修前需先认识装修模块，然后使用模块对首页进行装修。

一、认识装修基础模块

模块是网店页面的基础组成部分，商品、页面的装修等都依托模块而存在，网店美工可通过模块装修首页。图9-9所示为"所有"栏下的基础模块，其中常用的模块有宝贝推荐、宝贝排行、图片轮播、友情链接、宝贝搜索、自定义区等。

（1）宝贝推荐。用于在首页展示商品的模块，宝贝推荐与横幅广告的效果类似，合理运用能吸引消费者眼球。该模块常位于图片轮播的下方，用于推荐店铺中销量较好的商品，从而达到促销的目的。

（2）宝贝排行。该模块按照热销商品的销量进行排序，当消费者浏览网店时，可以通过宝贝排行展示热销商品，从而引起消费者兴趣，提升销量。

（3）图片轮播。图片轮播是指将海报采用轮播的方式在首页中进行展现，图片轮播在兼顾美观度的同时，增加了商品的展现机会。

（4）友情链接。友情链接是指互相在自己的网店内放对方网店的链接，以达到互相促进销售的目的；当消费者收藏某个商品或店铺后，页面上将出现同类型店铺或商品链接。

图9-9

（5）宝贝搜索。每个淘宝店铺都会上架很多不同类型的商品，当商品过多时，消费者往往不知道从何查看。此时，添加宝贝搜索模块即可对店铺内所有商品进行搜索，便于消费者查找并购买商品。

（6）自定义区。装修模块的大小和位置都影响着店铺的视觉效果，而常用模块往往不能完全满足店铺装修的要求，此时可使用自定义区进行店铺装修，从而完整地展示店铺页面设计的特色。常见的全屏海报多使用自定义区进行装修。

二、【课堂案例】——使用模块装修店铺首页

"简吉"家纺店铺的首页设计在完成切片并上传到图片空间的操作后，即可使用模块进行首页各个部分的装修，在装修过程中可使用"自定义区"模块布局各部分，并通过"码工助手"转换源代码，具体操作步骤如下。

扫一扫

【课堂案例】——使用模块装修店铺首页

步骤01 选择装修页面。登录淘宝账号，进入千牛工作平台，选择"店铺"选项卡，在右侧面板的"店铺装修"栏中单击"PC端店铺装修"超链接，如图9-10所示，打开旺铺管理页面。单击"首页"栏右侧的"装修页面"超链接，进入装修页面。

步骤02 打开"店铺招牌"对话框。进入淘宝店铺装修页面，在店招右侧单击 ✎编辑 按钮，如图9-11所示，打开"店铺招牌"对话框。

步骤03 打开"码工助手"设置页面。为了全屏显示店招，需要将店招效果转换为代码。在百度中搜索并打开"码工助手"，在"码工助手"的"工具"栏中单击"电商通

用热区工具"超链接，如图9-12所示，进入"画布设置"页面。

步骤 ④ 复制超链接。打开图片空间页面，选择上传的"店招与导航"图片，单击"复制链接"超链接，复制该图片的链接，如图9-13所示。

图9-10

图9-11

图9-12

图9-13

步骤 ⑤ 添加链接。切换到"画布设置"页面，在"图片链接"文本框中按【Ctrl+V】组合键粘贴刚才的图片地址，依次单击 确认 按钮，如图9-14所示。

步骤 ⑥ 添加热区。打开编辑页面，在页面左侧单击"添加热区"按钮 ➕，添加一个热区，调整热区位置至毛巾商品所在区域，然后在右侧面板的"链接"栏中输入链接地址（若需要获取地址，需要先上传和发布商品，然后在"我的宝贝"面板中获取地址），在"描述"栏中输入"商品"，完成第一个热点的添加，如图9-15所示。

图9-14

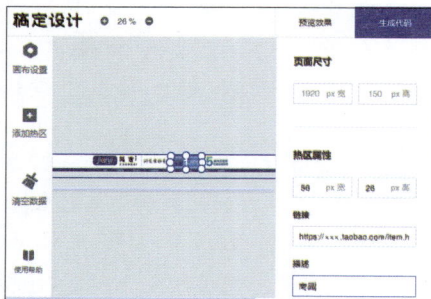

图9-15

步骤 ⑦ 添加其他热区。在页面左侧再次单击"添加热区"按钮 ➕，添加一个热区，并将其移动到优惠券的上方。在右侧面板的"链接"栏中输入链接地址，在"描述"栏中输入"优惠券"，完成第2个热点的添加。使用相同的方法再次在导航条中添加其他热区，并输出链接地址和文字，如图9-16所示。

图9-16

步骤 08 生成代码。单击页面右上方的 [生成代码] 按钮，在打开的对话框中显示生成的代码，单击 [复制代码] 按钮。切换到步骤02打开的"店铺招牌"对话框中，单击选中"自定义招牌"选项，单击"源码"按钮[<>]，在下面的文本框中按【Ctrl+V】组合键粘贴复制的代码，在"高度"数值框中输入"150"，单击 [保存] 按钮，如图9-17所示。

步骤 09 更换图片。在页面左侧选择"页头"选项，在打开的页面中单击 [更换图片] 按钮，打开"打开"对话框，在其中选择店招与导航的图片，单击 [打开(O) ▼] 按钮。图片上传成功后，在页头设置背景显示为"不平铺"，背景对齐为"居中"，完成店招与导航的装修如图9-18所示。

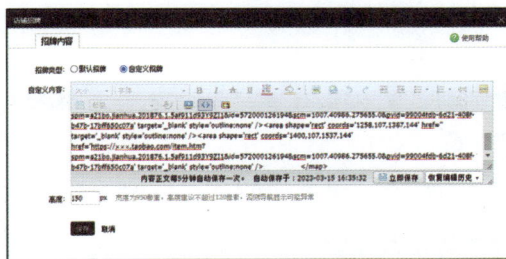

图9-17

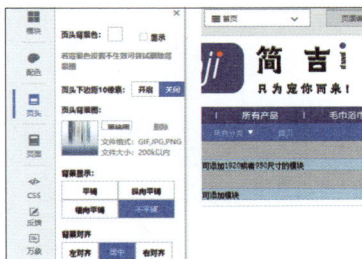

图9-18

步骤 10 添加模块。在左侧的"基础模块"选项卡中选择"自定义区"模块，按住鼠标左键不放将其拖动到导航条的下方，释放鼠标完成模块的添加，如图9-19所示。在"自定义区"上单击 [编辑] 按钮，打开"自定义内容区"面板。

步骤 11 复制链接并单击"轮播工具"超链接。切换到"图片空间"页面，将鼠标指针移到上传的海报图片上，单击"复制链接"超链接，复制该图片的链接。切换到"码工助手"页面，在"工具"栏中单击"轮播工具"超链接，如图9-20所示。

图9-19

图9-20

步骤 12 粘贴图片地址。进入"码工助手"的"轮播工具"页面。在"图片1"文本框中按【Ctrl+V】组合键粘贴刚才的图片地址，在"跳转链接"文本框中输入链接地址，如

图9-21所示。

步骤⑬ 添加另一张海报的素材和链接地址。使用步骤11所示的方法添加另一张海报的素材和链接地址，如图9-22所示。

图9-21

图9-22

步骤⑭ 复制代码。完成后单击 生成代码 按钮，在打开的对话框中单击 复制代码 按钮复制代码，如图9-23所示。

步骤⑮ 粘贴代码。返回步骤10打开的"自定义内容区"面板，单击选中"不显示"选项，单击"源码"按钮，在下面的文本框中按【Ctrl+V】组合键粘贴复制的代码，再次单击"源码"按钮，然后单击 确定 按钮，如图9-24所示。

图9-23

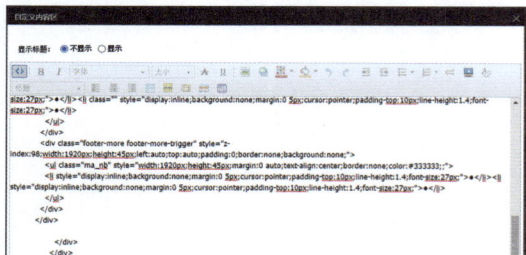
图9-24

步骤⑯ 预览效果。使用相同的方法，装修店铺首页的其他区域，完成后单击 预览 按钮，预览装修后的效果，如图9-25所示。

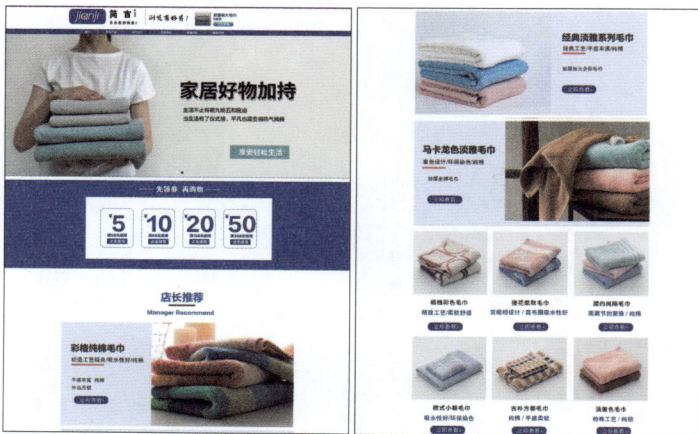
图9-25

课堂练习：装修中秋活动页

素材文件：项目九 \ 中秋活动页 .jpg
重点指数：★ ★ ★

微课视频

操作思路

　　装修中秋活动页时可先对海报和优惠信息部分使用"热区+代码"的方式进行装修，然后再装修其他部分内容。

操作提示

　　选择并添加要装修的模块；复制图片链接；在码工助手中对热区添加链接，并转换为代码；使用代码装修活动页。

任务三　装修移动端店铺首页

　　移动端店铺首页装修的方法与PC端差别不大，同样是通过选择、编辑模块，然后根据模块要求上传对应尺寸的图片，最后适当调整优化。

↘ 一、认识移动端店铺首页模块

　　移动端店铺首页与PC端店铺首页一样，各电商平台也为移动端店铺首页装修提供了模块，当下主流的移动端是手机端，这里以淘宝网手机端为例来介绍移动端店铺首页装修的模块。图9-26所示就是移动端店铺首页页面的模块以及装修后的页面，常用的模块包括文字标题、轮播图海报、单图海报、多热区切图、店铺优惠券等模块。

　　（1）文字标题。其用于悬挂店铺公告或是活动说明，仅支持0~20个中文字符。

　　（2）轮播图海报。其将海报采用轮播的方式在移动端首页中进行展现，常用于店铺活动宣传、商品宣传、品牌形象宣传等。此模块中最多可以添加4张轮播图，也可根据需要只添加1张轮播图。

　　（3）单图海报。其用于展示单个商品或是主题的海报，其作用与轮播图海报相同。

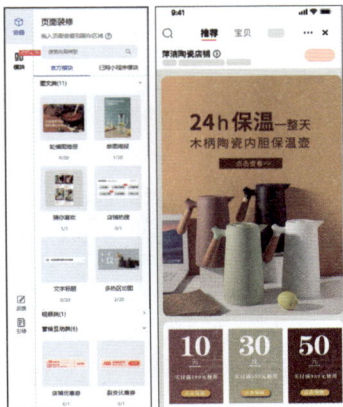

图9-26

（4）多热区切图。其可将商品图片切分为多个可点击区块，方便链接商品地址，常用于多商品（主题）展示。

（5）店铺优惠券。其用于展示优惠券信息，在其中可设置优惠券的数量、样式等内容。

↘ 二、【课堂案例】——使用模块装修移动端首页

"萍洁"店铺准备将制作的移动端首页装修到移动端店铺中，在装修前可先将商品图片上传到图片空间中，然后进行装修页面操作，具体操作步骤如下。

步骤 01 单击"装修页面"超链接。登录淘宝网，进入千牛工作平台，按照前面的方法将首页素材（配套资源:素材文件\项目九\陶瓷店铺移动端首页）上传到图片空间中，然后再在左侧列表中单击"店铺"选项卡，在右侧列表的"店铺装修"下拉列表中单击"手机店铺装修"超链接，进入手机装修页面，在首页栏中单击"装修页面"超链接，如图9-27所示。

步骤 02 添加单图海报模块。打开装修页面，在"容器"选项卡中选择"单图海报"模块，按住鼠标左键不放向右拖动到店铺名称下方，完成该模块的添加操作，如图9-28所示。

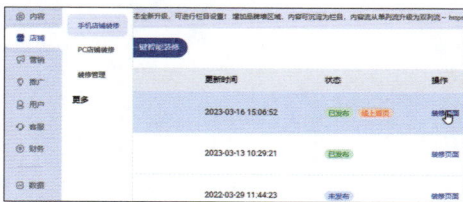

图9-27

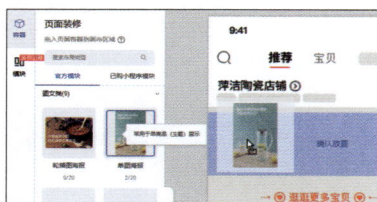

图9-28

步骤 03 单击"上传图片"按钮。在右侧面板中的"模块名称"文本框中输入"海报"，在"上传图片"栏中单击 上传图片 按钮，如图9-29所示。

步骤 04 选择图片。打开"选择图片"对话框，选中海报，如图9-30所示，单击 确认 按钮。

图9-29

图9-30

步骤 05 设置图片裁剪区域。打开"选择图片"对话框，在右侧设置裁剪尺寸的高为"1600"，单击 保存 按钮，如图9-31所示。

步骤 06 输入跳转链接。返回页面，在右侧面板中"跳转链接"栏下的文本框中输入海报中商品的地址（这里的地址可在商品发布页面中复制对应的链接获取），如图9-32所示，单击 保存 按钮保存设置。

图9-31

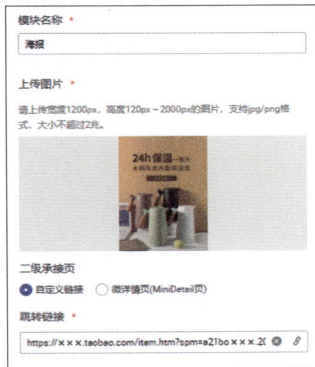

图9-32

步骤 07 添加优惠券图片。在"容器"选项卡中选择"多热区切图"模块，按住鼠标左键不放向右拖动到海报下方，添加该模块。在右侧面板中的"模块名称"文本框中输入"优惠券"，在"上传图片"栏中单击 上传图片 按钮，在打开的对话框中选择"优惠券"图片，依次单击 确认 按钮，在打开的页面中，调整图片尺寸，然后单击 保存 按钮，完成图片的添加，如图9-33所示。

步骤 08 添加热区。单击 添加热区 按钮，打开"添加热区"对话框，选择左侧蓝色的矩形框，将其放于第1张优惠券上，调整跳转矩形框大小，然后在右侧输入优惠券链接，如图9-34所示。

图9-33

图9-34

步骤 09 添加其他热区。使用相同的方法为其他优惠券添加热区并输入链接，完成后单击 完成 按钮，如图9-35所示。

步骤 10 发布首页。返回面板，单击 保存 按钮，保存优惠券。使用相同的方法，添加分类、宝贝展示模块，并进行装修与添加链接，完成后单击 预览 按钮可预览效果，单击 发布∨ 按钮可发布首页，如图9-36所示。

图9-35   图9-36

课堂练习：装修移动端家具网店首页

素材文件：项目九\移动端家具网店首页
重点指数：★★★

扫一扫

微课视频

操作思路

网店美工在装修移动端家具网店首页时，可添加"多热区切图"模块编辑首页内容，并分别对各个部分添加热点区域。

操作提示

添加单图海报模块并添加对应的商品图片和链接；添加"多热区切图"模块并添加素材和热区，完成家居网站首页的装修。

任务四　上传商品详情页

网店美工在上传商品详情页时需要先输入商品的信息，如商品的标题文案、净重量、价格、库存量等内容，并上传主图和商品详情页图片。

一、商品详情页上传的注意事项

网店美工在上传商品详情页前需要注意以下问题。

（1）确定商品的类目及属性。商品的类目、属性也是引流的重要条件之一，网店美工需要在商品上架前确定商品的类目及属性。网店美工若在商品上架前没有确定好商品的类目和属性，待商品上架后，再在已经收集到流量的基础上进行修改，就可能影响到店铺销量。

（2）确定必填内容。网店美工填写商品上架信息时，带"＊"的类目属于必填类目，要保证填写的正确性，这关系到商品的属性展示，也会影响商品的后续引流。

（3）确定信息是否与实物相符。网店美工填写的属性信息要与实物相符，若存在不符的情况，容易遭到消费者投诉。

（4）坚持信息的原创性。网店美工应该坚决杜绝标题、图片以及商品详情页效果的复制，坚持信息发布的原创性，无论是标题、图片或详情页介绍都应牢牢结合商品特点并坚持原创，形成自己的店铺特色。

↘ 二、【课堂案例】——上传茶杯商品详情页

"萍洁"店铺准备将制作完成后的茶杯移动端商品详情页进行上传，上传过程中需要先添加上传的主图，再根据提示输入商品的信息，并添加茶杯商品详情页图片，其具体操作步骤如下。

步骤01 上传主图。登录淘宝账号，进入千牛工作平台页面，选择"商品"选项卡，在右侧单击"商品管理"栏下的"发布宝贝"超链接。打开商品发布页面，单击"上传商品主图"栏下方的空白图片，将自动打开上传的商品，这里若没有完成上传，还可单击 上传图片 按钮，在打开的页面中进行上传操作，随着主图的选择，下方的类目栏将自动更新类型，完成后单击 下一步,发布商品 按钮，如图9-37所示。

步骤02 设置基础信息。打开商品发布页面，在"基础信息"栏中，设置宝贝类型、宝贝标题、导购标题、品牌、货号等信息，如图9-38所示。

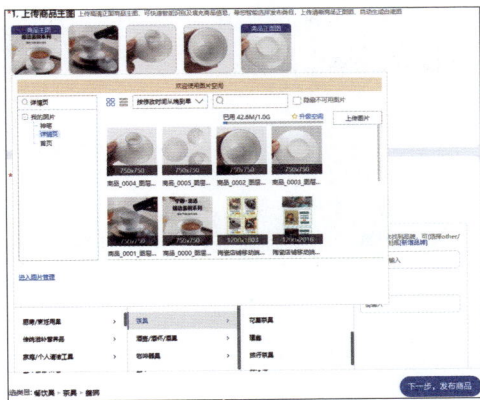

图9-37

图9-38

步骤03 设置销售信息。滑动鼠标滚轮，在"发货时效"栏中，单击选中"48小时内发货"选项，设置一口价为"45.8元"，总数量为"100件"，如图9-39所示。

步骤04 设置物流信息。在"物流信息"栏中，单击选中"使用物流配送"复选框，在"运费模板"下拉列表中选择已经设置好的运费模板，若没有模块可单击 ＋新建 按钮，新建模板，如图9-40所示。

图9-39

图9-40

步骤05 选择详情页图片。在"详情描述"栏中的"手机和电脑使用同一套描述"列表框中单击"图片"按钮 🖼图片，打开"图片空间"面板，单击 上传图片 按钮，在打开的面板中单击 上传 按钮，打开"打开"对话框，选择"茶杯移动端详情页.jpg"素材文件（配套资源:\素材文件\项目九\茶杯移动端详情页.jpg），单击 打开(O) 按钮，此时该图片将被添加到图片空间中。在图片空间中单击选中该图片前的复选框，单击 确认 按钮添加详情页图片，如图9-41所示。

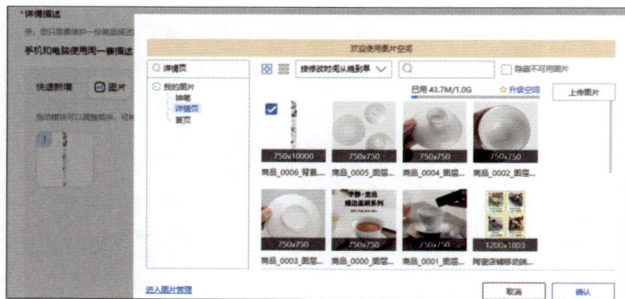

图9-41

步骤06 设置售后服务。在"售后服务"栏中单击选中"提供发票""退换货承诺"复选框，再单击选中"立刻上架"选项，单击 提交宝贝信息 按钮，完成商品详情页的上传，如图9-42所示。

图9-42

课堂练习：上传水蜜桃移动端商品详情页

素材文件：项目九\水蜜桃移动端商品详情页

重点指数：★★★

微课视频

操作思路

整个上传过程可按照提示分别输入内容，其中带"*"的部分为必填内容。

操作提示

先上传主图；根据提示输入基础信息；添加商品详情页，完成后发布详情页。

思考与练习

一、单选题

1. 色彩丰富、尺寸较大的切片，选用的格式是（　　　）。
   A. JPEG　　　　　B. PNG　　　　　C. RNG　　　　　D. DXF

2. 对图像进行切片后，其切片成功的图片将以哪种颜色的框进行显示（　　　）。
   A. 蓝色　　　　　B. 红色　　　　　C. 黄色　　　　　D. 紫色

3. 文字标题最多支持的中文字符个数是（　　　）
   A. 20个　　　　　B. 30个　　　　　C. 50个　　　　　D. 80个

二、填空题

1. _____是指将海报采用轮播的方式在移动端首页中进行展现。

2. _____可将商品图片切分为多个可点击区块，方便链接商品地址。

3. 色彩单一和背景透明的切片，选用_____或_____格式存储；半透明、不规则以及圆角的切片，选用_____格式存储。

三、简答题

1. 简述图片切片的技巧。
2. 简述装修PC端店铺首页的方法。
3. 简述上传商品详情页的方法。

四、实训题

1. 某旅行箱店铺准备装修PC端首页，要求使用提供的首页素材（配套资源:素材文件\项目九\旅行箱上新周专题页面.jpg）装修。在装修前先对首页进行切片操作，然后上传到图片空间，并使用模块对各个商品图片进行装修操作（配套资源:效果文件\项目九\旅行箱上新周专题页面）。

2. 某零食店铺准备装修移动端首页，要求使用提供的首页素材（配套资源:素材文件\项目九\零食店铺移动端首页.psd），在装修前先对首页进行切片（配套资源:效果文件\项目九\零食店铺移动端首页），然后上传到图片空间并进行移动端首页装修。

3. 某食品店铺准备将制作好的莲子移动端详情页（配套资源:素材文件\项目九\莲子移动端详情页素材.psd）上传到商品详情页中，在上传前先对详情页进行切片，然后上传到图片空间，最后在商品发布页面中上传。

项目十

综合案例——生鲜店铺设计与制作

内容导读

　　前面的项目以单个知识点的形式讲解了网店美工的各项工作，以及具体的设计方法，本项目将整合前面所学知识，以生鲜店铺为例来讲解店铺首页、商品详情页和短视频的设计与制作，提高网店美工对整个店铺的综合设计能力。

知识目标

- 掌握处理生鲜店铺素材的方法。
- 掌握制作生鲜店铺首页的方法。
- 掌握制作生鲜店铺商品详情页的方法。
- 掌握制作生鲜店铺直通车推广图的方法。
- 掌握制作生鲜店铺主图短视频的方法。

技能目标

- 能够独立进行素材的处理。
- 能够独立完成首页和商品详情页的制作。
- 能够独立进行主图短视频的制作。
- 能够独立进行直通车推广图的制作。

素养目标

- 提升对网店设计需求的分析能力。
- 提升对网店设计的实际操作能力。

任务一　处理生鲜店铺素材

"鲜汁味鲜"是一家集采购、加工、销售农产品于一体的企业，其店铺的商品主要来自大山采摘和农民养殖，商品种类包括水果、蔬菜、海鲜水产、肉禽蛋类等，为加快企业品牌化升级，助推乡村产业振兴，"鲜汁味鲜"生鲜店铺计划上新某地区的标志农产品——海参和虾，并准备将这两件商品分别展现在首页的店招、海报和商品促销页面中，现需处理海参和虾的商品图片，方便后期制作时使用。

完成后的参考效果如图10-1所示。

图10-1

素养课堂：乡村振兴，农产品不可或缺

增加农民收入水平是乡村振兴的目的，通常情况下农民主要是通过农产品来增收。农产品与人们日常生活息息相关，本任务中生鲜店铺的上新商品也属于农产品。在进行农产品的相关设计前，网店美工应先了解我国的农产品分类（包括粮油、果蔬及花卉、林产品、畜禽产品、水产品和其他农副产品等），以及我国的农产品标志（包括无公害农产品、绿色食品、转基因农产品、农产品地理标志等），这样才能确保农产品相关设计作品的正确性和真实性，更加合理、准确地向消费者展示农产品的特点。

↘ 一、制作思路

观察所有提供的素材，其中海参、虾商品图片有明显的问题，网店美工需要进行分析和处理。

（1）处理海参商品图片。打开拍摄的海参商品图片，如图10-2所示，可发现商品图片呈现灰底效果，若是运用到海报中则显得单调，而店招不需要过多背景，此时可抠取海参商品图片并删除背景，方便制作店招和海报时调用。

（2）处理虾商品图片。查看拍摄的虾商品图片，如图10-3所示，可发现该商品图片存在颜色过暗、偏色、主体对比不够明显等问题，因此网店美工需要先修饰该商品图片，恢复商品本身的颜色，可使用【亮度/对比度】【曲线】【色相/饱和度】和【色阶】等命令，调整商品图片的颜色。

图10-2

图10-3

↘ 二、设计实施

根据制作思路，网店美工分别进行抠取海参商品图片和调整虾商品图片色调的操作。

1. 处理海参商品图片

步骤 01 打开素材文件。打开"海参.jpg"素材文件（配套资源:\素材文件\项目十\海参.jpg），选择"钢笔工具" ，在工具属性栏中设置工具模式为"路径"，在海参周围单击鼠标左键并拖动鼠标指针绘制路径，效果如图10-4所示。

步骤 02 完成路径的绘制。当起点与终点完全结合时，完成路径的绘制，如图10-5所示。

步骤 03 设置羽化半径。按【Ctrl+Enter】组合键将路径转化为选区，按【Shift+F6】组合键，在打开的对话框中设置羽化半径为"1像素"，单击 确定 按钮，如图10-6所示，按【Ctrl+J】组合键复制选区，再取消选区。

步骤 04 查看完成后的效果。打开"图层"面板，隐藏背景图层，可查看抠取后的效果，保存图像，方便后期被调用，如图10-7所示（配套资源:\效果文件\项目十\海参.psd）。

图10-4 图10-5 图10-6 图10-7

2. 调整虾商品图片色调

步骤 01 打开素材文件。打开"虾.jpg"素材文件（配套资源:\素材文件\项目十\虾.jpg），按【Ctrl+J】组合键复制图层，如图10-8所示。

步骤 02 调整亮度/对比度。选择【图像】/【调整】/【亮度/对比度】命令，打开"亮度/对比度"对话框，设置亮度为"45"，对比度为"20"，单击 确定 按钮，如图10-9所示。

步骤 03 调整曲线。选择【图像】/【调整】/【曲线】命令，打开"曲线"对话框，在曲线中段上单击鼠标左键并向上拖动曲线，调整图像亮度，单击 确定 按钮，如图10-10所示。

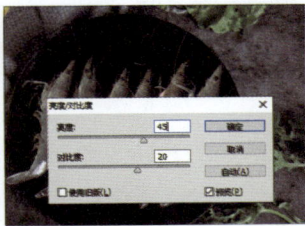
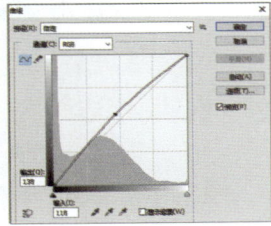

图10-8 图10-9 图10-10

步骤04 调整色相/饱和度。选择【图像】/【调整】/【色相/饱和度】命令，设置色相、饱和度、明度分别为"+12""−13""+4"，单击 确定 按钮，如图10−11所示。

步骤05 调整色阶。选择【图像】/【调整】/【色阶】命令，设置色阶值为"18""0.83""243"，单击 确定 按钮，如图10−12所示。

步骤06 查看完成后的效果。完成后保存文件，效果如图10−13所示（配套资源:\效果文件\项目十\虾.psd）。

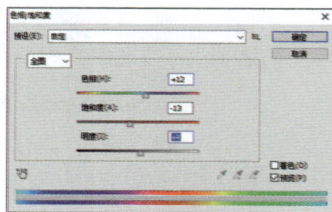 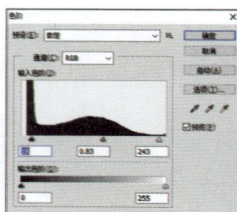 

图10−11　　　　　　　　　图10−12　　　　　　　　　图10−13

任务二　制作生鲜店铺首页

　　"鲜汁味鲜"生鲜店铺计划重新设计店铺首页，要求完成后的效果要体现春天的清新，具有自然、和谐之感，其整个首页布局要包括店招、海报、优惠券、商品推荐模块，页面要简洁美观，并且要使用处理好的店铺素材。

　　完成后的参考效果如图10−14所示。

图10−14

↘ 一、制作思路

　　网店美工在进行案例设计前需要先对制作思路进行梳理，方便设计。

　　（1）色彩选择和风格定位。为了体现健康、绿色的特点，网店美工在色彩选择上可以绿色和白色为主色，使整个首页的色调更加统一。为了凸显商品内容，在风格选择上则以简约风格为主，通过简单的图文搭配体现店铺内容。

（2）页面的布局。根据内容的展现顺序，网店美工可以将首页分为店招与导航、海报、优惠券、商品推荐4个部分。设计店招与导航时，网店美工可在其中体现品牌信息、上新商品、热卖商品和优惠信息，以吸引消费者。设计海报时，网店美工可采用各种绿色进行拼合，让店铺的主题更加明确，促使消费者对商品产生兴趣，网店美工在设计时可采用图文结合的方式，通过宣传文字与商品图片表达海报主题。设计优惠券时，网店美工可采用集中展现优惠信息的方式体现优惠内容。网店美工在设计商品推荐时，可交叉使用左图右文和左文右图的方式进行展现，使其更具设计性和美观性。

二、设计实施

根据案例分析的思路，网店美工依次对首页的店招与导航、海报、优惠券、商品推荐4个部分进行设计。

1. 设计店招与导航

步骤01 新建文件。新建大小为"1920像素×150像素"、分辨率为"72像素/英寸"、名称为"鲜汁味鲜"生鲜店铺首页的文件。

步骤02 绘制形状。在左右两侧485像素处分别添加参考线。新建图层，选择"钢笔工具" ✐，在工具属性栏中设置工具模式为"路径"，绘制房屋路径，按【Ctrl+Enter】组合键将路径转换为选区，并填充为"#034012"的颜色，如图10-15所示。

扫一扫

设计店招与导航

步骤03 绘制矩形。选择"矩形工具" ▢，设置填充颜色为"#034012"，分别绘制大小为"8像素×44像素""8像素×60像素"的矩形，如图10-16所示。

步骤04 输入标题文字。选择"横排文字工具" T，设置字体为"方正汉真广标简体"，字体颜色为"#06b02e"，输入"味鲜"，如图10-17所示。

步骤05 绘制直线并输入文字。选择"直线工具" ╱，在工具属性栏中设置填充颜色为"#034012"，在文字右侧绘制大小为"5像素×76像素"的竖线。选择"横排文字工具" T，设置字体为"方正鲁迅行书简"，字体颜色为"#24373d"，输入"鲜汁味鲜生鲜店"，调整文字的大小和位置，如图10-18所示。

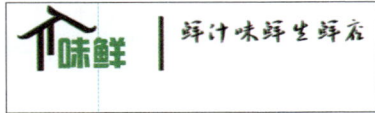

图10-15　　　　图10-16　　　　图10-17　　　　　　　图10-18

步骤06 制作"关注"按钮。选择"圆角矩形工具" ▢，设置半径为"30像素"，填充颜色为"#ff0000"，绘制大小为"80像素×30像素"的圆角矩形。选择"横排文字工具" T，设置字体为"方正粗圆简体"，字体颜色为"#ffffff"，输入"关注"，调整文字的大小和位置，如图10-19所示。

步骤07 添加素材并输入文字。打开"海参.psd"文件（配套资源:\效果文件\项目十\海参.psd），打开"草莓.png"文件（配套资源:\素材文件\项目十\草莓.png），依次将海参和草莓图像拖动到店招右侧，调整素材的大小和位置。选择"横排文字工具" T，设置字体为"思源黑体 CN"，字体颜色为"#24373d"，输入图10-20所示的文字，调整其大小和位置。

图10-19

图10-20

步骤 08 绘制圆角矩形并输入文字。选择"圆角矩形工具" ▢ ，设置半径为"30像素"，填充颜色为"#24373d"，绘制大小为"90像素×20像素"的圆角矩形。选择"横排文字工具" T ，设置字体为"思源黑体 CN"，字体颜色为"#ffffff"，输入"点击查看"，调整文字的大小和位置。在草莓右侧进行相同操作，完成店招的制作，如图10-21所示。

图10-21

步骤 09 制作导航。选择"矩形工具" ▢ ，设置填充颜色为"#034012"，绘制大小为"1920像素×30像素"的矩形。选择"横排文字工具" T ，在工具属性栏中设置字体为"思源黑体 CN"，文字大小为"15点"，字体颜色为"#ffffff"，在导航条上依次输入图10-22所示的文字，并按【Ctrl+;】组合键隐藏参考线，完成店招与导航的制作。

图10-22

2. 设计海报

步骤 01 延伸画布。选择【图像】/【画布大小】命令，打开"画布大小"对话框，设置高度为"1050像素"，定位为"向下"，单击 确定 按钮，如图10-23所示。

步骤 02 绘制矩形。选择"矩形工具" ▢ ，设置填充颜色为"#069e2c"，在导航的下方绘制大小为"1920像素×690像素"的矩形，然后在矩形左右两侧各绘制填充颜色为"#07bb34"、大小为"210像素×900像素"的矩形，再在矩形的下方绘制填充颜色为"#6fd889"、大小为"1920像素×210像素"的矩形。

步骤 03 添加素材。打开"海参.psd"文件（配套资源:\效果文件\项目十\海参.psd）和"树叶.png"素材文件（配套资源:\素材文件\项目十\树叶.png），分别将海参和树叶图像拖动到海报两侧，调整素材的大小和位置，如图10-24所示。

扫一扫

设计海报

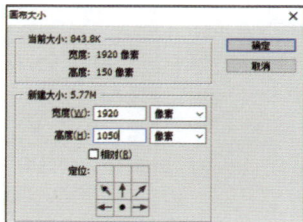

图10-23　　　　　　　　　　　　　　　　　　图10-24

步骤 04 输入文字。选择"横排文字工具" T，设置字体颜色为"#ffffff"，输入文字，设置"美味生鲜"的字体为"汉仪琥珀体简"，其他字体为"思源黑体 CN"，然后调整文字的大小和位置，如图10-25所示。

步骤 05 绘制圆角矩形并输入文字。选择"圆角矩形工具" ，设置半径为"30像素"，填充颜色为"#ffffff"，在文字下方绘制大小为"300像素×60像素"的圆角矩形，然后在圆角矩形的左右两边分别绘制大小为"7像素×60像素"的两个圆角矩形。选择"横排文字工具" T，设置字体为"思源黑体 CN"，字体颜色为"#069e2c"，在圆角矩形的上方输入"<进入专场>"，如图10-26所示。

图10-25　　　　　　　　　　　　　　　　　　图10-26

步骤 06 绘制形状并添加渐变颜色。新建图层，选择"钢笔工具" ，在工具属性栏中设置工具模式为"路径"，在海报左侧绘制草丛路径，按【Ctrl+Enter】组合键将路径转换为选区，选择"渐变工具" ，在工具属性栏中打开"渐变编辑器"对话框，设置渐变颜色为"#63d780""#09c538"，单击 确定 按钮，在选区的左下角向右上角拖动鼠标，填充渐变颜色。使用相同的方法在海报右侧绘制路径并填充渐变颜色，完成海报的制作，如图10-27所示。

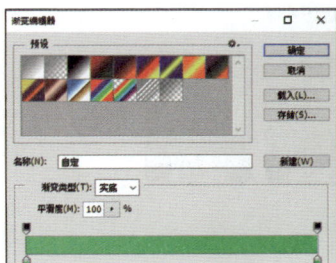

图10-27

3. 设计优惠券

步骤 01 延伸画布。选择【图像】/【画布大小】命令，打开"画布大小"对话框，设置高度为"1700像素"，定位为"向下"，单击 确定 按钮。

扫一扫

设计优惠券

步骤 **02** 绘制圆角矩形。选择"圆角矩形工具" ▢，设置半径为"30像素"，设置填充颜色为"#034012"，绘制大小为"260像素×340像素"的圆角矩形，在圆角矩形的上方绘制填充颜色为"#07bb34"、大小为"260像素×280像素"的圆角矩形，如图10-28所示。

步骤 **03** 绘制圆。选择"椭圆工具" ◯，设置填充颜色为"#ffffff"，在圆角矩形的上方绘制大小为"30像素×30像素"的正圆，复制正圆形状到圆角矩形的下方，并修改填充颜色为"#034012"，如图10-29所示。

步骤 **04** 输入文字。选择"横排文字工具" T，设置字体为"思源黑体 CN"，字体颜色为"#24373d"，输入"店铺优惠攻略""DISCOUNT STRATEGY"，调整文字的大小和位置，如图10-30所示。

图10-28

图10-29

图10-30

步骤 **05** 输入其他文字。选择"横排文字工具" T，输入其他文字，并设置字体为"思源黑体 CN"，调整文字的大小、位置和颜色，在"点击领取"下方绘制颜色为"#ffffff"、大小为"140像素×30像素"的圆角矩形，并将字体颜色修改为"#253a3f"，如图10-31所示。

步骤 **06** 复制优惠券。选择优惠券内容，按住【Alt】键不放，向右拖动复制优惠券，然后修改优惠券内容。重复操作制作第3张优惠券，完成优惠券的制作，如图10-32所示。

图10-31

图10-32

4. 设计商品推荐

步骤 **01** 延伸画布。选择【图像】/【画布大小】命令，打开"画布大小"对话框，设置高度为"4500像素"，定位为"向下"，单击 确定 按钮。

步骤 02 绘制矩形并添加素材。选择"矩形工具" ▭，设置填充颜色为"#034012"，在中间区域绘制大小为"1920像素×450像素"的矩形。打开"韭菜.png"素材文件（配套资源:\素材文件\项目十\韭菜.png），将韭菜素材拖动到矩形上方调整其位置和大小，按【Ctrl+Alt+G】组合键，创建剪贴蒙版，并设置图层不透明度为"80%"，如图10-33所示。

步骤 03 输入文字。选择"横排文字工具" T，设置字体为"方正大黑简体"，字体颜色为"#ffffff"，输入图10-34所示的文字，调整文字的大小和位置，并修改下方英文字体为"思源黑体 CN"。

图10-33

图10-34

步骤 04 绘制4个矩形并添加素材。选择"矩形工具" ▭，绘制4个填充颜色为"#449ffc"、大小为"650像素×500像素"的矩形，调整矩形位置。打开"生鲜羊肉卷.jpg、无花果.jpg、水果胡萝卜.jpg"素材文件（配套资源:\素材文件\项目十\生鲜羊肉卷.jpg、无花果.jpg、水果胡萝卜.jpg），以及"虾.psd"文件（配套资源:\效果文件\项目十\虾.psd），将素材依次拖动到矩形图层上方，调整素材的大小和位置，并创建剪贴蒙版，如图10-35所示。

步骤 05 输入文字。选择"横排文字工具" T，设置字体为"思源黑体 CN"，字体颜色为"#24373d"，输入图10-36所示的文字，调整文字的大小和位置。

步骤 06 绘制矩形并输入文字。选择"矩形工具" ▭，设置填充颜色为"#07bb34"，再绘制4个"214.5像素×50.5像素"的矩形，选择"横排文字工具" T，设置字体为"思源黑体 CN"，字体颜色为"#ffffff"，在矩形上方输入"点击进入"，如图10-37所示，完成商品推荐区的制作。

步骤 07 完成制作。完成后按【Ctrl+S】组合键保存文件，完成PC端首页的制作（配套资源:\效果文件\项目十\"鲜汁味鲜"生鲜店铺首页.psd）。

图10-35

图10-36

图10-37

步骤⑧ 制作移动端店铺首页。使用相同的方法，制作移动端店铺首页，主要包括海报、优惠券和促销模块，最终效果如图10-38所示（配套资源:\效果文件\项目十\"鲜汁味鲜"生鲜店铺移动端首页.psd）。

图10-38

任务三 制作生鲜店铺商品详情页

"鲜汁味鲜"生鲜店铺最近上新一款牛奶草莓商品，为了提高销量，需要对该商品设计商品详情页，由于PC端和移动端的商品详情页的宽度均为750像素，为了便于使用，这里直接采用同一版式进行设计。

商品详情页完成后的参考效果如图10-39所示。

图10-39

一、制作思路

为了展示牛奶草莓的卖点，网店美工可将商品详情页按照焦点图、卖点说明图、实拍图、商品售后的思路进行制作。

（1）焦点图。焦点图设计时可选择具有创意构思的商品图，并配上卖点文字"能够吃出奶香味的牛奶草莓"，体现了味美的特点；再加上说明文字，如不催熟不打蜡、果园新鲜采摘、甜度超过10%等，加深消费者对品牌的印象。

（2）卖点说明图。卖点说明图设计时主要对商品的基本信息进行介绍，并通过图文搭配的方式，体现商品卖点，如产地直销、现摘现发等，让消费者感受到用心。

（3）实拍图。其主要通过实拍的方式展示草莓的"香""甜"卖点，展示时可采用图文结合的方式。

（4）商品售后。其主要对商品的售后问题进行说明，如快递、大小、重量、售后范围等，方便消费者选购商品。

↘ 二、设计实施

根据案例分析的思路，按照焦点图、卖点说明图、实拍图、商品售后的顺序进行设计。

步 骤 01 新建文件。新建大小为"750像素×6200像素"、分辨率为"72像素/英寸"、名称为"鲜汁味鲜"商品详情页的文件。打开"焦点图背景.png"素材文件（配套资源：\素材文件\项目十\焦点图背景.png），将其中的草莓素材拖动到"鲜汁味鲜"商品详情页图像文件顶部，调整其大小和位置，如图10-40所示。

步 骤 02 打开素材文件。选择"圆角矩形工具" ⬜，绘制填充颜色为"#a80000"、大小为"282像素×79像素"的圆角矩形。按【Ctrl+J】组合键复制圆角矩形，并修改圆角矩形的填充颜色为"#f33900"，然后调整两个圆角矩形的位置，使其形成立体效果，如图10-41所示。

步 骤 03 输入焦点图文字。选择"横排文字工具" T，在工具属性栏中设置字体为"方正兰亭特黑简体"，字体颜色为"#f33900"，然后输入"牛奶草莓"，并调整文字的大小，然后输入其他文字，设置字体为"方正兰亭黑简体"，调整文字的位置和大小，如图10-42所示。

步 骤 04 输入"立即尝鲜"。使用步骤03所示的方法输入"立即尝鲜"，并调整文字的大小、位置和颜色，如图10-43所示。

图10-40　　　　　　图10-41　　　　　　图10-42　　　　　　图10-43

步 骤 05 添加素材。打开"商品1.png~商品3.png"素材文件（配套资源：\素材文件\项目十\商品1.png~商品3.png），将素材依次拖动到"鲜汁味鲜"商品详情页文件中，调整素材的大小和位置，如图10-44所示。

步骤 06 绘制3个矩形。选择"矩形工具" ，设置填充颜色为"#ff8601"，绘制大小为"220像素×280像素""750像素×150像素"的矩形；设置填充颜色为"#71a425"，在图像的底部绘制大小为"750像素×150像素"的矩形，如图10-45所示。

步骤 07 输入卖点说明图文字。选择"横排文字工具" T，在工具属性栏中设置字体为"方正正大黑简体"，输入"商品介绍""产地直销""现摘现发"；然后设置字体为"方正兰亭黑简体"，输入其他文字，设置文字的大小、位置和颜色，并使用"直线工具"，在文字的中间区域绘制竖线，如图10-46所示。

步骤 08 添加素材并复制文字。打开"商品4.png、商品5.png"素材文件（配套资源：\素材文件\项目十\商品4.png、商品5.png），将素材分别拖动到"鲜汁味鲜"商品详情页文件中，调整素材的大小和位置。选择"牛奶草莓"文字，按住【Alt】键不放向下拖动复制文字，修改文字内容，并调整文字的大小，如图10-47所示。

图10-44

图10-45

图10-46

图10-47

步骤 09 绘制2个矩形。选择"矩形工具" ，设置填充颜色为"#ff8601"，在商品4图片下方绘制大小为"750像素×150像素"的矩形；再设置填充颜色为"#71a425"，在商品5图片的下方绘制大小为"750像素×150像素"的矩形，如图10-48所示。

步骤 10 绘制其他矩形。使用步骤09所示的方法，绘制2个大小为"258像素×161像素"的矩形，调整矩形的颜色和位置，并设置图层不透明度为"60%"，如图10-49所示。

步骤 11 输入文字。选择"横排文字工具" T，设置字体为"方正正纤黑简体"，字体颜色为"#ffffff"，然后输入"香""甜"，调整文字的大小和位置；再次输入其他文字，设置字体为"方正兰亭黑简体"，调整文字的大小和位置，如图10-50所示。

步骤 12 添加其他内容。打开"商品6.png、商品7.png"素材文件（配套资源：\素材文件\项目十\商品6.png、商品7.png），依次将素材拖动到"鲜汁味鲜"商品详情页文件中，调整素材的大小和位置，完成后保存文件，如图10-51所示（配套资源：\效果文件\"鲜汁味鲜"商品详情页.psd）。

图10-48

图10-49

图10-50

图10-51

任务四 制作生鲜商品直通车推广图

　　"鲜汁味鲜"生鲜店铺准备为一款千禧果商品制作直通车推广图，方便进行商品推广和店铺引流。

　　直通车推广图完成后的参考效果如图10-52所示。

一、制作思路

　　为了达到推广的目的，网店美工在设计直通车推广图前，可先规划设计并布局内容，避免完成后的效果不够美观。

　　（1）设计规划。为了使直通车推广图效果更显著，在素材选择上可选择千禧果的食用场景作为背景。制作直通车推广图的目的是引流，因此卖点的体现是

图10-52

设计的重点，经过分析发现"营养丰富""坏果包赔""原产地直发"是引流的关键，在设计时可添加"酸甜多汁　营养丰富"等文字展示千禧果的卖点。同时，为了体现价格的优惠，网店美工还可以添加商品促销文字和价格文字。

　　（2）内容布局。为了避免文字遮挡商品，网店美工在设计时可结合上下构图和左右构图，在画面左上角输入商品卖点，在画面下方输入优惠信息和其他卖点文字，画面左侧为商品图片，便于消费者查看。

二、设计实施

　　根据案例分析的思路，制作千禧果的直通车推广图，具体操作步骤如下。

步骤 01 新建文件。新建大小为"800像素×800像素"、分辨率为"72像素/英寸"、名为"直通车推广图"的文件。

步骤 02 添加素材。打开"千禧果.jpg"素材文件（配套资源:\素材

扫一扫
设计直通车推广图

文件\项目十\千禧果.jpg），将其拖动到"直通车推广图"文件中，调整其大小和位置，如图10-53所示。

步骤 **03** 绘制圆角矩形并输入文字。选择"圆角矩形工具" ▢，设置填充颜色为"#ffffff"，绘制半径为"30像素"、大小为"436像素×60像素"的圆角矩形。选择"横排文字工具" T，在工具属性栏中设置字体为"思源黑体 CN"，字体颜色为"#24373d"，然后输入"酸甜多汁 营养丰富"，调整文字的大小和位置。再次选择"矩形工具" ▢，设置填充颜色为"#bc060e"，在文件下方绘制大小为"800像素×100像素"的矩形，如图10-54所示。

步骤 **04** 绘制形状。新建图层，选择"钢笔工具" ✒，在矩形的上方绘制图10-55所示的形状，并设置填充颜色为"#ffffff"。

图10-53

图10-54

图10-55

步骤 **05** 绘制圆角矩形。选择"圆角矩形工具" ▢，设置填充颜色为"#5e0509"，半径为"30像素"，在右下角绘制大小为"295像素×150像素"的圆角矩形，如图10-56所示。

步骤 **06** 输入文字。选择"横排文字工具" T，设置字体为"方正粗黑宋简体"，字体颜色为"#ffffff"，输入图10-57所示的文字，调整文字的大小，然后修改文字的字体颜色为"#24373d"。

步骤 **07** 调整图层样式。双击"下单立减10元"图层右侧的空白位置，打开"图层样式"对话框，单击选中"投影"复选框，保持默认设置不变，单击 确定 按钮，按【Ctrl+S】组合键保存文件，完成直通车推广图的制作（配套资源:\效果文件\项目十\直通车推广图.psd），如图10-58所示。

图10-56

图10-57

图10-58

任务五　制作生鲜店铺主图短视频

　　"鲜汁味鲜"生鲜店铺中的虾商品近期销量较高，为了让消费者更直观地看到虾商品的具体信息，网店美工准备继续为其制作主图短视频，要求完整地展示出虾的新鲜、味美。

　　短视频制作完成后的参考效果如图10-59所示。

图10-59

↘ 一、制作思路

　　虾作为本店铺的热销商品，网店美工在进行主图短视频设计时需要展示虾的具体信息，体现虾的卖点，如鲜嫩味美、烹饪方式等。制作时，网店美工可先导入视频素材，查看并分析提供的素材，确定可以使用的素材后，分割视频素材，删除多余视频片段，然后添加虾的说明性文字，使其能完整、顺畅地展示出虾的卖点和制作场景。

↘ 二、设计实施

　　根据案例分析的思路，网店美工先剪辑视频再为视频添加各种效果，具体操作步骤如下。

步骤 01 导入视频。进入剪映操作界面，在左上角单击"导入"按钮 **+**，打开"请选择媒体资源"对话框，选择"1.mp4~3.mp4"素材文件（配套资源:\素材文件\项目十\1.mp4~3.mp4），单击 **打开(Q)** 按钮，在界面左上角显示导入的视频素材，全选视频，按住鼠标左键不放将其拖动到"时间轴"面板上，方便进行视频编辑。

步骤 02 分割视频。在"时间轴"面板中将时间指示器分别拖至"00:00:01:13""00:00:21:15""00:00:49:26"位置处，按【Ctrl+B】组合键分割视频，如图10-60所示。

扫一扫

制作生鲜店铺
主图短视频

179

步骤 03 删除视频片段。按住【Ctrl】键不放，依次选择第2段视频片段和倒数第1段视频片段，按【Delete】键删除，删除后的效果如图10-61所示。

图10-60

图10-61

步骤 04 设置视频片段变速。选择第1个视频片段，在右上角中单击"变速"选项卡，在"时长"数值框中输入"0.5s"，如图10-62所示，完成后按【Enter】键。重复操作，选择第2个视频片段，设置时长为"1s"，选择第3个视频片段，设置时长为"12s"，选择最后一个视频片段，设置时长为"2s"。

步骤 05 添加音频。将时间指示器移动到视频片头，在左上角单击"音频"选项卡，在下方的列表中单击"钢琴背景音乐"右侧的 ⬇ 按钮，下载音频，然后单击 ⊕ 按钮，将音频添加到轨道中，如图10-63所示。

图10-62

图10-63

步骤 06 分割音频。在"时间轴"面板中将时间指示器拖至"00:00:15:15"位置处，按【Ctrl+B】组合键分割音频，此时将自动选择第2段音频，按【Delete】键删除，效果如图10-64所示。

步骤 07 选择字体样式。在"时间轴"面板中将时间指示器拖动至视频片头位置处，单击"文本"选项卡，在左侧列表中选择"手写字"选项卡，在右侧列表中单击"五月你好"字体样式，单击 ⊕ 按钮，添加文字，如图10-65所示。

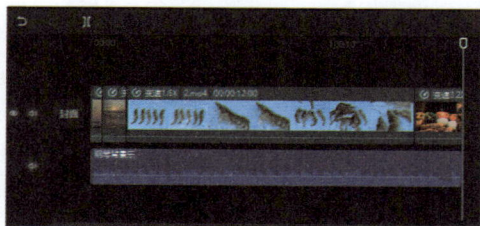

图10-64

图10-65

步骤 08 输入文字。在右侧的"文本"面板中的第1段文本框中输入"新鲜自然"，在第2段文本框中输入来自大海的"虾"，如图10-66所示。

步骤 09 调整文字位置。在"时间轴"面板上选择添加的文字，将鼠标指针移动到文字右侧，当鼠标呈 状态时，按住鼠标左键不放，向左拖动调整文字的展示时间，这里将时间调整到"00:00:01:15"位置处，如图10-67所示。

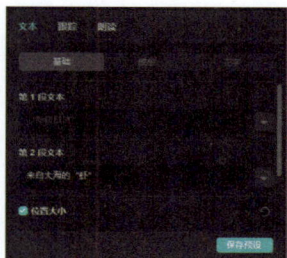

图10-66

图10-67

步骤 10 输入文字。将时间指示器拖动至"00:04:28"位置处，单击"文本"选项卡，在左侧列表中选择"字幕"选项卡，在右侧列表中选择第1排第3个字体样式，单击该样式下方的 按钮，添加文字，在右侧的"文本"面板中的文本框中输入"鲜嫩味美"，并将文字调整到左下角，如图10-68所示。

步骤 11 输入其他文字。使用步骤10所示的方法，在"00:00:13:15"位置处，插入相同的字体样式，并输入"多种烹饪方式"，调整文字在时间轴上的位置，如图10-69所示。

图10-68

图10-69

步骤 12 导出视频。在操作界面右侧单击 按钮，在打开的对话框中设置作品名称，并选择导出位置后，单击 按钮完成导出操作。导出完成后，打开保存文件夹可查看保存的视频（配套资源:\效果文件\项目十\生鲜店铺主图短视频.mp4）。

思考与练习

一、单选题

1. 如果要为商品图片更换背景，可采用以下（　　　）方法完成。
   A. 钢笔工具抠取　B. 删除背景　　　　C. 覆盖背景　　　　　D. 以上都不对

2. 网店美工在进行网店设计时，主要针对（　　　）页面进行设计与制作。
   A. 店招、首页海报　　　　　　　　　B. 首页海报、主图
   C. 首页、商品详情页　　　　　　　　D. 智钻图、直通车图

3. 延伸画布主要在（　　　）对话框中调整。
   A. 画布大小　　　B. 对比度　　　　　C. 图像大小　　　　　D. 以上都不是

二、填空题

1. 首页分为_____、_____、_____、_____4个部分。

2. 若要恢复商品本身的亮度，可使用_____、_____、_____、_____等命令。

3. 若要替换较为复杂的商品图片背景，可使用_____工具来完成抠取。

三、简答题

1. 简述制作生鲜商品首页的方法。
2. 简述如何制作直通车推广图。
3. 简述制作生鲜商品的商品详情页的方法。

四、实训题

1. 要求使用提供的素材（配套资源:\素材文件\项目十\绿植首页素材），以多肉为主题进行PC端店铺首页制作，该首页的内容主要包括店铺卖点、优惠信息、快速导航和热销品类等内容（配套资源:\效果文件\项目十\绿植店铺首页.psd）。

2. 要求使用提供的素材（配套资源:\素材文件\项目十\绿植商品详情页素材）制作苔藓微景观盆栽商品详情页，首先制作焦点图，写明苔藓微景观盆栽的卖点，吸引消费者继续浏览下去；其次写明苔藓微景观盆栽的详细参数，提升消费者对商品的认知度；最后讲解护养知识和注意事项，避免商品后期出现问题（配套资源:\效果文件\项目十\绿植商品详情页.psd）。